新潮新書

…ANEHARA Nobukatsu

歴史の教訓

「失敗の本質」と国家戦略

862

新潮社

はじめに

　私は、第二次安倍政権における外政担当内閣官房副長官補として、国家安全保障会議と国家安全保障局の立ち上げに関わり、初代の国家安全保障局次長を兼務して、通算七年の歳月を総理官邸で過ごした。安倍晋三総理は、集団的自衛権行使の是認を始めとして、戦後史に残る大規模な安全保障制度改革を成し遂げた。国家安全保障会議（日本版NSC）の設置は、その諸制度改革の要の一つである。

　その間、一貫して私の脳裏を離れなかったのは、有事の本番で国家安全保障会議が本当に機能するのかどうか、という一点であった。

　国家安全保障会議は、外交、政治、財政などの政府の仕事と、総理直轄となる軍の作戦指揮を総合調整する政府最高レベルの会議であり、日本のシビリアン・コントロールの要である。太平洋戦争中、東条英機内閣の下にあった大本営政府連絡会議や、小磯国昭内閣下の最高戦争指導会議に比肩すべき組織である。

昭和前期の日本では、国務（外交）と統帥（軍事）が完全に乖離し、統帥権独立を濫用した軍が暴走し、大日本帝国は崩落した。三百万人の同胞が無為に死んだ。東条英機総理は巣鴨プリズンで絞首刑になる前、かつ子夫人から差し入れられた土井晩翠詩集の余白にびっしりと無念のメモを書き込んでいた。その中で記しているように、東条は、統帥権の独立と軍内部に蔓延した下克上の雰囲気が、国務と統帥の統合を難しくしたと明瞭に認識していた。昭和前期の日本軍を、総理大臣、陸軍大臣、参謀総長を兼務した東条でさえ組み伏せることのできないビヒモス（怪物）に育て上げた原因は、この「統帥権の独立」であった。

この過ちを繰り返さないために、どのような国家安全保障戦略を立てるべきか。そして国家安全保障会議をどういう組織にし、いかなる運営を心掛けるべきなのか。つまるところ、政治と軍事の関係はいかにあるべきか。その問題がいつも脳裏から離れなかった。

戦後七十五年続いた泰平の世は、日本から現実主義的な安全保障の感覚を奪った。戦後の日本は、日米同盟と言う分厚い皮膜の中で、自衛隊の活動を厳しく抑制してきた。「だからこそシビリアン・コントロールは貫徹されているのだ」と考える人が未だに大勢いる。しかし、そんな状態のままで、実際の有事の際、文民出身の政治指導者が死地に赴く二十数万の精鋭の自衛官を戦略的に指導できるだろうか。国民と国家の安全確保を全うすることが、本当に可能なのか。

有事においてその重責を担うのが、総理の主宰する国家安全保障会議である。総理が危機に際して国家指導全体を担う「脳」、自衛隊が実際に体を動かす「筋肉」、政府の各省庁がもろもろの「内臓」だとすれば、その結節点にある国家安全保障会議は神経を束ね繋ぐ「脊椎」である。

有事の本番において、この脊椎には凄まじい政治的、軍事的圧力がかかるだろう。私は、有事においてそれがぽきりと折れるようなことがあってはならないと思い、人知れず悩み続けてきた。政権中枢が鋼鉄の枠組みのようにしっかりしていなければ、政権は直ちに崩壊するであろう。そうなったら、戦前の大本営政府連絡会議と同じ過ちを繰り返すことになる。

国家安全保障会議は未だ生まれたばかりの組織である。幸いにして戦火の試練も受けていない。率直に言って、その達成度はまだ四合目といったところだ。残念ながら私の問題意識は、私の非力の故に、共鳴してくれた少数の同僚、友人を除いて、広く分かち合われることはなかった。しかし、今後は志ある政治家や、外務省、防衛省、自衛隊、警察庁等から国家安全保障局に参集する俊英たちが、国家安全保障会議を改善、強化し、日本に真のシビリアン・コントロールの伝統を根付かせていってくれると信じている。

本稿は、戦前の日本において、外交と軍事の総合調整、古い言葉でいえば「国務と統帥の統合」がどのように形成され、破綻したかを再検討するものである。そのために、明治以来の近代日本の来し方――歴代総理の戦争指導、昭和前期に生じた国務と統帥の分裂による軍の暴走、大日本帝国の滅亡の歴史――を振り返る。日本の行動を世界史の文脈に置きながら、今を生きる私たちが祖国の歴史から何を教訓として掬い取ることができるのか再考してみたい。

同時に、統帥権の独立と軍の暴走がなかったら、日本は二十世紀の世界の潮流について行けていたのだろうかという「仮定の問題」も併せて考えてみたい。十八世紀末の産業革命は、人類に高度な工業技術を与え、初めて地球的規模で人類を大規模に結びつける力を与えた。人類社会全体を構想し、組織化することが可能になった。それ以降、人類社会は、ゆっくりと倫理的に成熟してきた。戦争から平和へ、ブロック経済から自由貿易へ、独裁から自由へ、そしてあらゆる差別や格差から平等へ。

しかし、その過程では世界大戦、全体主義、共産革命、独裁、大量虐殺、都市労働者の貧困、人種差別、地球的規模での植民地化等、多くの過ちが起きた。それでも今、個人の尊厳を基盤とした、合意に基づく自由主義的な国際秩序が、地球的規模でその大きな姿を現しつつある。

今を生きる私たちが、日本はなぜ、人類社会の倫理的成熟を待てなかったのかという問題を併せて考えることは、大切である。それが、二十一世紀に日本が拠って立つべき「価値の外交」を構想するための鍵を与えてくれるからである。

歴史の教訓　「失敗の本質」と国家戦略——目次

第一部　世界史の中の近代日本

第一章　歴史を見る視座

歴史とは何か

歴史は、遺跡から出る陶器の破片や古文書を収集するだけでは成立しない。今を生きる私たちが、そこから何を読み取るのかという視座を離れては成立し得ない。

日本の外交史料館を含め、各国の外交文書館からは新しい史料がどんどん出てきている。困難な時代を生きた人たちの日記や私文書も、時を経て公開されるものが数多くある。新しい史料を丹念に読み込むことは、学問的精密さを必要とするので、気鋭の歴史学者による貢献が期待される。

しかし、そこから何を教訓として汲み取るかは、今という時代にかかっている。今を生きている全ての人たちの考え方、利益、価値観が反映される。

また、現代の国際的な政治、経済の潮流も、私たちの視座に影響を与える。歴史は歴史学者だけによって書かれるものではない。今を生きる人たちがすべて関わって書かれるものである。今を生きる人たちは、今を生きるための「筋の通った歴史」を必要とする。それは百科事典のような乾いた断片的知識の集合ではない。英語で言えば「ナラティブ」、つまり今を生きるための「物語」である。

通信手段の著しい発達により、地球的規模で膨大な量の情報が駆け巡る今日、世界の片隅の出来事が直ちに自国に跳ね返って意味を持つようになった。私たちは人類全体を視野に入れて、地球的規模で共感を生み得る通史を必要としている。だから二十世紀を振り返るとき、私たちは獰猛な帝国主義国家間の闘争や先進工業国の繁栄、東西冷戦だけでなく、アジア、アフリカの人々の心に澎湃と湧き上がった彼らの人間性回復への欲求に、深い関心を払わねばならない。

人は、未来を見るために過去を見るのである。共通の未来があれば、過去は共有できる。逆もまた真である。未来が変われば過去も変わる。歴史は常に生きている。

私たちは、どこに立っているのか

では、私たちの歴史を見る視座は、どこにあるのであろうか。

二十世紀は混乱を極めた世紀であった。その当事者たちには、全体像は見えなかったであろう。まるで遊園地のジェットコースターに乗っているかのように、断片的な風景が視界に入っては消えていったに違いない。幸いなことに、二十一世紀を生きている私たちは、二十世紀がどう展開していったのかを知っている。

二十世紀の末、冷戦が終結した後に姿を現してきたのは、米国がその建国の理念を国際社会に押し広げることによって主導してきた「自由主義的な国際秩序」である。今日、老舗の欧米では自由主義の退廃が嘆かれているが、今やアジアの多くの人々の心に自由と平等という名の灯がともり、彼らも自由主義的な国際秩序に参入しようとしている。

アジアだけではない。中南米でもアフリカでも、普遍的価値観や民主主義が根付き、或いはそのための闘争が起きている。今日の香港騒乱は経済格差を理由とするものではない。自由を望む人々による独裁との戦いである。

今を生きる私たちは、私たちが信奉する価値観をもって、歴史からの教訓を引き出す。それは自由、平等、民主主義、法の支配といった普遍的な価値観である。その根底には、一人ひとりの人間の尊厳に対する揺るぎない確信がある。肌の色、目の色、人種、文化、政治信条、宗教を越え、国境を越え、更には時間さえ越えて、人類を貫いてきた道徳感情があるとすれば、それは人間がみな自由であり、平等であり、誰もその尊厳を侵すことができないという確信である。

今を生きる私たちは、戦争、暴力、大量殺戮（ジェノサイド）、植民地支配、人種差別、共産党独裁やその他の開発独裁を否定することができる。国民に責任を負わない政府に統治する資格はないと確信している。社会格差を議会政治の話し合いによって是正することも知っている。

また私たちは、人はみな一人では生きられず、多くの他者とつながって生きているという実感を持っている。そこから人類愛が出てくる。それは古今東西の歴史書、宗教書に何度も言葉を変えて出てくるものであり、言葉になる以前から人類に備わっている機能である。良心と呼んでもよい。

これは日本人だけの視座ではない。これから益々力をつけてくるであろうアジア、アフリカの国々が、自らの長い過去を振り返るときには、我々と同じ視座をもって過去を振り返るであろう。これらの国で生まれてくる歴史家は、植民地時代に宗主国によって消された自らのアイデンティティを再構築するために、古代に遡って国の歴史を書き直すだろう。そして、抵抗の英雄譚を建国の伝説としていくだろう。植民地帝国が勝手に引いた国境により分断され消えていった、地域全体の歴史を書き直すだろう。そして、普遍的な価値観に照らして、自分たちから見たグローバルな歴史を書こうとするだろう。それが二十一世紀に書かれるであろう歴史である。

日本は何を間違えたのか

本書も視座とする「普遍的価値観」から二十世紀の日本の歴史を見た場合、どうしても発せざるを得ないのは、「なぜ日本の外交は誤ったのか。十九世紀の弱肉強食の世界が二十世紀には普遍的価値観に基づく国際秩序へと変貌していくことに、なぜ気付かなかったのか」という問いである。

私たちの父祖は、決して残虐な侵略者でも残忍な独裁者でもなかった。当時の世界を支配していた白色人種とは違う肌色に生まれ、残酷な帝国主義諸国の権力闘争の中へ幼く細い体のまま飛び込んで、苦しみながら、新しい理想の国際秩序を実現したいと試行錯誤を繰り返した人たちだった。

そこには統帥権の独立と軍の暴走の様な大きな過ちもあったが、正しかったメッセージもある。私は、一九三〇年代後半以降の誤った国家指導の下でさえ、辛くても悔しくても必死に自分を納得させて散っていった日本人を誇りに思う。そして、敗戦によって肉親を失い、体の一部を失い、心を砕かれたまま、歯を食いしばって、厄災と飢餓の時代を生き抜いて、新しい命を育ててきた日本人を誇りに思う。

残念ながら、日本は三〇年代以降、総力戦の悪夢に取りつかれ、独伊と一緒に当時の覇権国であった英米仏に挑み、アジアの解放を謳いながら、欧州が主戦場だった世界大戦にアジアの人々を引きずり込んだ。統帥権の独立という誤った憲法論に守られた統帥部（陸軍参謀本部と海軍軍令部）が、狭隘な軍事的利益を国益の前面に押し立てて、政治と外交を壟断して暴走した。

当時は、戦間期の自由主義的な国際協調主義が輝きを失い、世界を覆った全体主義的な雰囲気や現状打破の雰囲気に、日本も呑まれていた。日本の行動は、戦勝国となった旧植民地勢力からは自らの植民地への侵略だと非難され、悲惨な戦場にさせられたアジアの人々からも深く恨まれた。孤立し破壊された日本は戦後、欧米にもアジアにも自らの軸足の置き所を失った。そして、潔く自らの来し方を道徳的に否定した日本人は、世界観と歴史観を失った。

普遍的価値観を担う日本

しかし、日本が明治以来求めてきたのは、アジア人の自由や独立、肌の色に関係のない平等な国際社会であったはずである。

日本人が求めた正義ある国際秩序は、戦後になって徐々にその姿を現した。戦後、ガンジーやスハルトやホーチミンの様なアジアの指導者が次々と自力で独立を果たし、新しい国際秩序を叫び始めた時、残念ながらその魁となるはずだった日本は「敗戦国」と言う汚名の下で日陰に追いやられた。

その後、世界は冷戦という戦勝国の分裂と対峙の時代を迎える。新興のアジア、アフリカ諸国の多くは、手っ取り早い富国強兵を求めて開発独裁に走った。アジアの植民地帝国は、ロシア（ソ連）を除いて、みな欧米日といった民主主義国家だった。人種差別も残っていた。新興の独立国は、研ぎ澄まされた主権意識をかざして、宗主国の民主主義よりも、自らの経済発展を望んだのである。アジア、アフリカには、共産圏はもとより、自由主義圏においても独裁国家が乱立した。

戦後七十五年を経て、アジアの国々の多くは、半世紀の開発独裁の時期を抜けて経済発展を遂げ、中産階級の成長を経験し、民主主義国家へと変貌を遂げつつある。

同時に、旧植民地帝国だった欧米諸国も民族自決を認め、制度的人種差別を止めた。共産圏はほぼ消滅した。個人の尊厳、自由、平等、民主主義、法の支配と言った普遍的価値観が貫かれる国際社会が、地球的規模で明確な姿を現しつつある。多様性が評価される時代が登場しつつある。その地殻変動は今、正に香港の騒乱に見られるように、アジアにおいて最も激しい。

日本は、戦後半世紀経った冷戦終了の時期くらいから、執行猶予中の犯罪者の様な態度を捨て、国際社会に貢献したいと言う気持ちを堂々と口にするようになった。世代も交代した。今や日本は、「自由で開かれたインド太平洋」戦略を唱え、アジアに出現しつつある自由主義的な国際秩序を支えるリーダーになろうとしている。

普遍的価値観は西洋の専売特許ではない。古来アジア人が大切にしてきた「人間の温かさ」に発する規範を、別の言葉で言い換えただけである。弱者を踏み躙《にじ》る横暴な権力を許さないという考え方は、アジアにも古くからある。自由や平等や法の支配と言った価値観は、名前こそ異なれ、東西文明を貫く価値観である。それを魁となって証明したのは、非欧州文明国のアジアから近代化に先駆けた日本であった。

第二章　近代日本外交の黎明期

地球的規模に拡大した西欧文明

明治政府が国際社会に登場したのは、世界がいろいろな点で大きく変わりつつあった頃であるが、その変化の大本は十八世紀末から始まっていた産業革命である。産業革命の影響で、イギリス、フランスのような欧州大陸北西部の国々が、世界の強国として躍り出て地球を分割してしまった。

ただし、欧州勢が世界に雄飛していく先兵となったのはイベリア半島のスペインとポルトガルである。彼らの非欧州地域への接し方は、産業革命後に欧州が世界を制覇した後の世界秩序構築の原型である。

スペインとポルトガルは大航海時代を切り拓いた国であるが、その理由は彼らがイスラム勢力をイベリア半島から追い出したばかりの若い国であり、オスマン帝国やヴェネチアの海軍が取り仕切る地中海貿易に入っていくことができなかったからである。チンギス・ハーン一族のユーラシア制覇は、ユーラシア大陸東西を陸路で繋ぎ、地中海貿易はレバント（地中海東岸）を拠点として巨利を生んでいた。そこでスペインやポルトガルは、「地球は丸い」とのルネサンス期の科学者の言葉を信じて、「インドを発見する」ことを目的にして大西洋に飛び出していった。

大航海時代と呼ばれる西部欧州人の世界雄飛は、インドとの交易という商業利益だけを動機とするものではない。彼らの世界雄飛には、ルネサンスによる精神的覚醒と科学精神の爆発が後景にある。それによって掻き立てられた冒険心が、彼らを無謀ともいえる大西洋横断に駆り立てた。その冒険心が、彼らを産業革命後も世界に雄飛させ、西洋文明の地球的規模での拡大を導き、彼らをして今日までの人類史の主役たらしめたのである。

西欧文明の源流は、ゲルマン系欧州人の精神的覚醒にある

今日、私たちが西洋文明と言う時、産業革命後に世界を席巻した西欧諸国の文明を指すことが多い。彼らは、ゲルマン系の欧州人である。もともとは西ローマ帝国を滅ぼし

た「蛮族」の末裔である彼らの精神的覚醒が、今日の文明の原点には横たわっている。

ゲルマン系欧州諸国の文明的覚醒は、エジプト文明、中国文明、インド文明はもとより、六世紀に花開く日本文明、朝鮮文明、七世紀に興るイスラム文明に比しても遅い。産業革命後の欧州列強の世界覇権については誰も異論がないであろうが、彼らが世界へ雄飛を始めた十六世紀、十七世紀以前には、日本人も中国人もインド人も、欧州人のことは、野蛮な海賊であるということ以上には、余りよく知らなかった。

十二世紀以降の欧州人の精神的開花を見てみよう。かつての東ローマ帝国の末裔ビザンチン帝国、それを滅ぼして栄華を誇ったオスマン帝国とは対照的に、西ローマ滅亡後の社会は、カトリック教会を中心とした陰鬱な宗教社会であった。しかし、狭い僧院に閉じ込められていたイタリア人たちの知的活動が活性化し始める。モンゴル帝国の世界制覇によってユーラシア大陸の東西を結ぶ交通路が開かれた後、アジアの産品が集積するレバントとの交易でヴェネチア、ジェノヴァ等イタリアの都市国家が繁栄を見せ始める。イタリア・ルネサンスの開花が始まる。十五世紀に入るとレオナルド・ダ・ヴィンチのような巨大な天才が突如として現れる。バチカンのサン・ピエトロ大聖堂のピエタの像やシスティナ礼拝堂の最後の審判を見れば、ミケランジェロの中で弾けた「人間性の再生（ルネサンス）」とは何だったのかが分かるだろう。

人間性が解放されれば、宗教的自覚も変わっていく。神の国は自らの内にあり、カトリック僧によって外から押し付けられるものではないという宗教改革の理想も、欧州人の思考を爆発的に活性化させた一因であろう。欧州人の宗教改革における霊的覚醒は、鎌倉時代の日本の高僧による霊的覚醒と同様である。ルターもカルヴァンも法然も親鸞も日蓮も、神や仏を自らの内に見出し、ラテン語や漢籍ではなく人々が口にする言葉で聖者の言葉を記した。

欧州では、新旧教徒の対決は激しいものとなった。新教と旧教の対決は、フランスでは聖《サン》バルテルミーの虐殺を生み、イギリスでは清教徒のアメリカ新大陸への移住を生み、ドイツでは三十年戦争を引き起こして、その結果、現代主権国家体制の基礎であるウェストファリア体制が生まれた。トルストイは、神に触れたものは完全な自由を手にすると述べているが、西欧における自我の覚醒、創造性の開花に、ルネサンスと宗教改革がもたらした影響は実に大きい。

カトリックのカテキズム（教理問答）のくびきを外れた欧州人の思考は、やがて産業革命に結び付く科学的思考を生み出した。科学的思考は、欧州が生んだ知的世界遺産である。ガリレオやニュートン等、現代科学の父は、皆ルネサンス以降の巨匠たちである。彼らは当時、ローマに在るバチカン教皇庁からは、神をも恐れぬ輩として疎まれていた。活性化した知性によって、彼らがチャレンジしようとした地理的空間も大きく広がった。彼らはアジアのことなどよく知らなかった。欧州の向こうのインドには、プレスター・ジョンの楽園（幻のキリスト教国）があると言うような迷信しかなかった。しかし、彼らは、「地球は丸い」と信じて、インドを目指して大西洋を西へ西へと動き始めたのである。

奴隷貿易とカリブ海植民帝国

大西洋を西に飛びだしたスペイン人やポルトガル人は、よく知られているように、インドではなく新大陸のアメリカを見つけることになった。その後、新大陸との貿易を独占したスペインは、ボリビアのポトシ銀山を発見し、その銀を大量に欧州に持ち込んだ。現地の文明は尊重されなかった。略奪と収奪と奴隷的労働が当然視された。スペインはこの銀によって、一気に世界の強国にのし上がっていく。当時、世界で流通した銀は二種類しかない。スペイン銀と石見銀山の銀である。この二つが世界経済を回していたわけであるから、石見銀山が世界遺産に選ばれたのは当然の話である。当時、世界に流通していた銀の三分の一が石見の銀だと言われている。

スペインの大西洋貿易に目を付けたのがイギリスである。スペインはセビリアを拠点にして、ここから出る船以外の大西洋貿易を力で拒否した。これに「おかしい」と文句を付けて、大西洋を荒し回ったのがイギリスの私掠船である。イギリス海賊はイギリス王室の応援を受けることが出来た。だからキャプテン・ドレイクは英雄になったのである。イギリスは、多分に幸運にも恵まれて、ドーヴァー海峡でスペインの無敵艦隊を破り、一躍、大西洋貿易の雄となった。

すると今度はイギリスが自らの手で大西洋貿易を独占しようとする。この英国の後を追いかけたのがオランダである。スペインに勝った英国のセルデンが、かつてのスペインに倣って「閉鎖海論」を唱えたのに対し、後発オランダのグロチウスが「公海の自由」を唱えたのは、こうした文脈で理解される。

イギリスははじめ欧州の国々が大西洋貿易を開始すると、ヨーロッパ、アフリカ大陸、カリブ及び新大陸を結ぶ三角貿易が始まる。三角貿易と言えば普通に聞こえるが、実態は奴隷貿易である。新大陸のインディオは、銀鉱山などの激しい奴隷労働で夥しい数が死に、人口が激減していた。カトリック僧たちはその非道を訴えたが、絶滅しかけたインディオに代わり目を付けられたのがアフリカ人であった。三角貿易の主力商品はアフリカの黒人奴隷である。アフリカから黒人を奴隷として連れていって、カリブ海諸島や新大陸のプランテーション農場で働かせたのである。

プランテーションで栽培したのは、砂糖や煙草や綿花である。イギリスの砂糖成金は有名で、奴隷農場でとれた砂糖をイギリス本土で売り、そのお金で武器を買ってまたアフリカに行き、アフリカで武器を売りさばいて、そのお金で奴隷を買って新大陸やカリブ海諸島に売りさばいていた。国王のジョージ三世が「何で彼らは国王の自分より金を持っているんだ」と嘆いたとされるぐらい、三角貿易は儲かったのである。

欧州列強の植民地支配は、このカリブ海支配、新大陸支配から始まる。当初は未開のアメリカ大陸よりも、開発しやすいカリブ海の島々の方が、より価値があると思われていた。だからナポレオンが、広大なルイジアナを生まれたばかりの米国に売り払ったりしたのである。カリブ海の島嶼国は、数だけで言えば中南米諸国の中でも半分くらいを占める。今でもカリブ海島嶼国全体を女王陛下に代わって束ねるイギリス人総督がいる。カリブ海の島々に住む人たちは、半分がインド系、半分が黒人系である。絶滅した原住民に代わり、欧州人が労働力としてアフリカ人を連れてきて、最後に覇権を握った英国がインド人官僚をつれてきたからである。

産業革命を可能にした欧州諸国による商業資本の蓄積の根底には、残忍な奴隷貿易と収奪的なプランテーション経営があった。そう喝破したのはトリニダード・トバゴの初代首相であるエリック・ウィリアムズである。彼は黒人であった。

産業革命とアジア諸王朝の植民地転落

その後、欧州人は喜望峰を回ってアジア貿易に参入し、植民地主義はアジアにも及んでいく。ただし、産業革命前の欧州人が押さえたのは貿易拠点だけである。インド沿岸、マレー半島、ビルマからタイの沿岸部、そしてインドネシアである。当時のインドネシアやマレーは人口が少なかったが、繁栄する貿易拠点があったために、欧州人はそこに入り込んだのである。インドネシアやマレーのような貿易中継地点として栄えている地域の場合は、組織化された強大な王権がある訳でもなく、拠点を押さえればその地域がすべて自分たちのものとなった。

胡椒の産地も狙われた。それが当時のオランダ、ポルトガル、スペイン、イギリスのアジアへの浸透の仕方であった。フランスも後からそれを追いかけていく。さまざまな国の支配を受けた台湾が、最終的にオランダの支配下に入るのもこの頃である。台湾の別名「美麗島（フォルモーサ）」は、オランダの前に台湾に根を張ったポルトガル人が付けた名前である。

産業革命後の僅か数十年で、ムガル帝国（インド）、大清帝国、ベトナム王朝など、いずれも大河の治水から発展した長い歴史を持つ農業文明の国々が、次々とヨーロッパ勢に屈していった。石炭を燃やし、水蒸気を使って機械を動かす火の文明が、大河の治水と農耕で繁栄した水の文明を次々に併呑したのである。そこでは当然ながら、屈服される側の同意など求められなかった。英国が中国に仕掛けた阿片戦争は、不義の戦争の典型であった。一八三九年から四二年にかけて戦われたこの戦争による大清帝国の敗北は、徳川幕府末期の日本に巨大な衝撃となって伝わった。

大清帝国の弱体を目の当たりにして、日清戦争後の欧州列強は、最後の獲物である中国の分割に入る。日本は露独仏による三国干渉の強圧の下、日清戦争で獲得した遼東半島を中国に返還したが、ロシアは直ちにそれを勢力下に収めている。また、マレーシアでは二十世紀初頭、二百万程度の人口しかなかったが、イギリス人が労働力として同数に近い中国人やインド人を連れてきたため、多民族国家になってしまった。タイはインドシナ半島を東からフランス、西から英国に削りとられながら、かろうじて生き残った。アフリカについては、一八八〇年から第一次世界大戦前までに、イギリス、フランス、ドイツ、オランダ、ベルギー、スペイン、ポルトガルなどの一握りの国々が、アフリカ大陸のほとんど全土を勝手に分割している。かつて強大だったオスマン帝国のアラブ圏は、第一次世界大戦敗戦の後、サイクス・ピコ協定に従って英仏の勢力圏に分割された。ロシア革命直前の帝政ロシアも黒海やボスポラス海峡を狙っていたが、革命の勃発で果たせなかった。

非欧州文明の地域の中で、日本だけが無傷で生き残った。百五十年前に我々が目の当たりにしていたのは、こういう弱肉強食の世界だったのである。

フランス革命とアメリカ独立革命

十八世紀末に、人類の政治思想史上の大事件が起きる。フランス革命と米国独立革命である。

欧州の辺境にあり、スコットランド人、ウェールズ人、アイルランド人、イングランド人と民族が絡み合い、中世にはフランスのノルマン族に征服された英国は、複雑な婚姻の結果、たびたび外国から王様を迎えねばならなかった。土着の英国貴族が王の権限を縛ろうとしたのは当然であり、それを取り決めたのが「マグナカルタ」である。日本でいえば、お国替えで乗り込んできた新米大名に、地元の庄屋が団結して「寄合」を作り自らの権利を守ったようなものである。その「寄合」が「議会」である。マグナカルタの現物の一つが、キャンベラにあるオーストラリア国会議事堂に飾られているが、その内容は高尚な抽象論では無く、王の放逸を禁じる具体的内容ばかりである。権力が柔らかかった英国では、権力の本質について、或いは支配者と被支配者の関係について、優れた論考が次々に出て来る。ホッブズやロックが生まれる所以である。

英国風の王権の制限という考え方は、ブルボン絶対王政下のフランスでは王を倒すための理論的武器として磨かれていく。モンテスキューの三権分立論やルソーの社会契約論もそれに寄与した。権力は王のものではなく国民のものであるという考え方が、啓蒙主義政治思想の神髄として定着してくる。その内容は、王は天意である民意に従うべきであり、暴虐な王は殺しても良いと言う孟子の思想に親しんでいる日本人にとっては、余り驚く話ではなかった。実際、中江兆民はルソーを読んで、孟子との類似性に驚愕している。

フランス革命は、伝統的な厳しい社会階層を完全に打ち破ることには成功しなかった。今日もフランスでは、旧貴族、ブルジョワ（資産家）、労働者という社会階層が牢固として残っている。今でも社会階層間の通婚は珍しい。しかし、フランス革命の思想は大西洋の向こう側で花開いた。メイフラワー号で大西洋を渡った清教徒たちが建てた米国が、数百年の植民地時代を経て、英国王権のくびきを脱して独立する際に、大きく貢献したのである。フランス革命の理想は米国の憲法に凝縮された。ニューヨークのマンハッタン、リバティ島に、フランスから贈られた自由の女神が立っているのは不思議ではない。

フランス革命の人類史への最大の貢献は、個人の尊厳を起点とする政治的意識を覚醒させたことである。それが米国の力を借りて二十世紀後半、全人類を次々と覚醒させ、植民地支配を終わらせ、人種差別を撤廃し、共産圏や各種の開発独裁体制を引き倒すことになるとは誰も予想できなかったであろう。

米国憲法の理想はフランス革命、英国民主主義、更にはギリシャ・ローマの古典に遡るが、その基本的な思想は孟子の天命説と変わらない。米国は年間約百万の移民を受け入れ続けている移民の国である。そのような国で一体性と活力を維持するには、国家統治の原点である憲法の原理原則が、透明な真実を含むものでなくてはならない。米国の強さは、広大な土地でも廉価で大量なエネルギー資源でも、科学技術進歩に伴う社会変動への国民の寛容性でもない。人間の尊厳の平等を原点にして、個々人の自己実現、幸福追求を公正な競争の下で保障し、権力の乱用を厳しく律する立憲主義の政治風土こそ、米国の本当の強さである。

ナポレオン軍と長州の奇兵隊

近代欧州を語る際に、産業革命と同時に忘れてならないのは国民国家と国民軍の登場である。

この点では、共和政フランスとナポレオンが重要である。ナポレオン以前のヨーロッパの国はいわゆる家産国家であり、領土・人民などはすべて君主の私有物と見なされていた。日本で言えば、戦国時代の大名家のようなものである。欧州の歴史にしばしば登場する「継承戦争」とは、王家同士の結婚によって遺産・領地の分配がうまくいかなかったために起きた戦争である。欧州の王家では王女にも王位相続権があったので、余計に相続が難しくなる傾向があった。

共和政に移行したフランスでは、社会が激変する。一言で言えば、封建国家が国民国家へと変貌を遂げたのである。共和政フランスは、社会の階層秩序を壊そうとした。産業革命後の技術進歩によって、通信、交通、物流、教育などの全国展開が可能となり、共同体の規模が民族規模へと拡大する。人々は古代に遡った新しいアイデンティティを求める。ナポレオン時代には、白い布を纏ってローマ人の様な格好をするのが流行った。フランス人はローマ人ではない。ガリア地域に住み着いたゲルマン人がフランス人となったのである。ゲルマン人侵入以前に住んでいたガロワ人は、ローマに抵抗する蛮族であった。にもかかわらず、コルシカ出身のナポレオンがパリに教皇ピウス七世を呼びつけて戴冠式を挙行したのは、自分たちがローマ帝国の正嫡だと言いたかったためだろう。ダヴィッドの描いたノートルダム大聖堂の戴冠式でのナポレオンは、ローマ皇帝のような装束をまとっている。ナポレオンは、古代に遡って新しい近代フランスのアイデンティティを求めていた。この時に噴き出す民族融合のエネルギーが近代的ナショナリズムである。

この辺りは、徳川、室町、鎌倉、平安、奈良時代を飛ばして、天皇家の古代神話にいきなり天皇統治の正統性を求めようとした明治政府に似ている。どこの国もやることは同じである。日本では戦前、「皇紀二千六百年」を主張した。そのためか韓国は「三千年の歴史」と言い、中国は「五千年の歴史」と言い始めた。負けず嫌いの北東アジアの国々は、実証よりも誇張が入った歴史創造の傾向が強いようである。

王家による支配が大多数だった当時の欧州で、フランスの共和政思想は危険思想であった。四面楚歌の劣悪な国際環境の中で、革命後の共和政フランスでは、農民の子どもでも猟師の子どもでも、「自分はフランスの国民として祖国フランスを守る」という強烈な忠誠心を持つようになった。近代的ナショナリズムの典型はフランスに始まる。「行こう、祖国の子らよ、栄光の日が来た、武器を取れ、市民らよ、進もう、進もう、（暴君の残忍な兵達の）穢れた血が、我らの畑の畝を満たすまで！」というフランス国歌「ラ・マルセイエーズ」の歌詞は、当時のフランスの雰囲気を髣髴とさせる。

新しく生まれた近代的な「国民」を、革命戦争の名の下で、見事に統率して見せたのがナポレオンである。ナポレオン軍は一兵卒まで全員がフランス国家に忠誠を誓った国民軍で、これがナポレオン軍の強さである。

ナポレオンが歴史の舞台から退場した半世紀後、徳川幕藩体制を打ちこわし、新しい軍隊を作らねばならなかった明治の元勲たちは、四苦八苦しながら近代的国民国家を建設し、国民軍を育てた。日本人は各藩のアイデンティティを捨て急速に「日本国民」に変貌し、藩軍兵士は急速に近代的な日本軍兵士に変貌した。

その原型を、高杉晋作の奇兵隊に見ることが出来る。吉田松陰の松下村塾門下の高杉は、恩師である松陰の処刑の後、急進化して討幕へと突き進む。禄高二百石の家に育った若輩の高杉には、もとより大規模な軍隊を集める資金力はない。そこで高杉は、初めて武士以外からも広く兵士を募った。それに呼応したのが奇兵隊である。

山口県下関市に桜山神社という小さな神社がある。その境内には、奇兵隊戦死者の一見奇妙な墓地がある。墓はみな、細長く四角い粗末な石の柱である。松陰先生の柱だけは一つ頭が抜けて高くなっているが、後はみな同じ高さの質素な石柱である。そこには名前が彫ってあるが、武士の長い名前から、名字の無い百姓の名前まで様々である。それが全く同等に扱われている。これが近代的な「国民軍」のメンタリティである。

明治新政府は、最初は新撰組のような直属部隊を考えたが、直ぐに諦めて長州、薩摩などの親兵供出によって新軍を整えていった。戦前の日本軍、特に帝国陸軍は最後まで郷土軍的な色彩が強かったものの、明治国家の下、その忠誠心は消滅した各藩藩主ではなく日本国天皇に向かうようになった。弱肉強食の国際環境は、若い明治政府を恐怖で総毛立たせ、国民軍形成のプロセスを一層加速化させた。

因みに明治陸軍の最初の服装はフランス陸軍を真似ている。今から見ると滑稽であるが、西洋人と比べて体の小さな彼らも、フランス兵のように帽子のてっぺんに長い馬の毛をつけて、装飾の多い洋装をして片膝をつき、出来たばかりの靖国神社に参拝していた。その後、普仏戦争でフランスが破れ、日本軍はドイツ軍を手本にとるようになる。ちなみに日本軍の戦略軽視、戦術重視の近視眼的な思考は、ドイツ軍が派遣した教官に由来するとも言われている。ドイツ軍は最優秀な軍事教官を日本ではなく、オスマン帝国に派遣していたからだ。

明治維新の世界史的意義

向日葵が太陽の方向を向くように、人は繁栄する方を向き、都市に集まる。今でも欧州周辺の人は欧州連合に移民したがり、中米の人は米国に移住したがる。日本には毎年数万人の外国人労働者が流入している。その数は増え続けている。

その一方で、一定程度の発展水準に達した国々は、移民を送り出すよりも自らも産業化したいと熱烈に望むようになる。それは不可避の現象である。産業革命から二百年が経ち、ウェーバーやマルクスが停滞を運命づけられていると信じたアジア、アフリカの国々が、次々と工業化している。地球的規模の産業革命史の最終章は、中国とインドの台頭、そしてアフリカの工業化であろう。

ナショナリズムとは、近代的な現象である。先にフランスと日本の例で述べたように、どこの国でも近代的なアイデンティティを創るとき、古代の神話に遡って建国の英雄を見つけ出してくる。国際関係も人間の世界と一緒で、古い伝統を持っている国ほど格が高く見えるものである。この近代的アイデンティティを核に生れてくる新しい愛国心が、近代的なナショナリズムである。近代的「国民（la nation）」が登場するからこそ、ナショナリズム(le nationalisme)が生れるのである。伝統的な愛国心と、近代的なナショナリズムの違いはそこにある。

アジアの隣国が次々と植民地へと転落していく様を見せつけられ、自分もいつ植民地に転落するかわからない恐怖は、日本人の近代的ナショナリズムの凝固を加速した。この辺りの事情は、初めて共和政を実現して神聖同盟に苛められたフランスや、世界唯一の共産国家として第一次世界大戦中に生れたソ連邦（ロシア）と同じである。総毛立つ恐怖の中で四面楚歌を経験したフランス人、ロシア人は日本人と同様、愛国心もナショナリズムも人一倍強い。

明治維新の真の偉大さ、世界史的な意義は、このナショナリズムの中で四民平等を実現し、当時既に三千万人を抱えてインド、中国を除けば世界最大規模の人口であった日本国民のエネルギーを、近代化と統合に向けて急激に解放したことにある。

帝国議会開設、司法制度の創設、男子普通選挙の実現と、民主主義の制度化も急速に進んだ。この急進的な民主化によって解放された国民的エネルギーこそが、明治国家を支えたエネルギーの正体である。

このようにして新しい近代国家への帰属意識を持った人々を「国民」と呼ぶ。明治の日本では、国民はすべて天皇の赤子として平等であるとされた。皇室関連の古代の神話が再評価され、国民の忠誠心は天皇を中心とする新しい日本国に向けられた。維新直後に明治天皇によって出された「五ヶ条の御誓文」には、「広く会議を興し万機公論に決すべし」とあるが、これは近代的ナショナリズムから発する国民への典型的な要請と言える。

日本にとって朝鮮半島とは何か

明治の到来と共に日本は、朝鮮半島情勢に釘づけにされていく。十九世紀後半、朝鮮半島にも大きな変化が起きていた。帝政ロシアの極東シベリアからの南下である。

朝鮮半島の人たちと私たちは、実は庶民感覚がよく似ている。人間関係の距離感は、東京人よりも関西人に近いが、関西人よりも遥かに濃密な人間関係を好む。おせっかいで、お人良しで、お酒が大好きで、飲めば家族のようになる。思ったことは何でもずけずけと言ってしまうが、あっけらかんとしていて後腐れがない。

ただし、日韓双方でなかなか意識されないのが、日韓両国での支配層の文化の違いである。朝鮮半島の人々は、隋による中国統一後、中国王朝の強い磁場にさらされ続けてきた。特に高麗王朝が元朝の支配に組み込まれて以来、武士階級が育つことが出来ず、ずっと王朝政治が続いている。朝鮮半島の支配層はいわば「貴族文化」で、日本で言えば京都のお公家さんのような人たちなのである。

朝鮮半島の支配層は、文官の「文班」と武官の「武班」を併せて「両班《ヤンバン》」と言われるが、事実上は文班が主流で、儒学者がそのまま貴族になっている。権力の所在には極めて敏感で、弁論や権謀術数に優れており、闘争モードに入った時の攻撃的な言葉の激しさは日本人を驚かすが、日本のような強力な武士軍団は存在しなかった。朝鮮の王朝が強力な軍隊を持つことを宗主国の中国は嫌がり、独立した外交も許されていなかった。だから朝鮮半島の人は、時にサムライに憧れる。金大中大統領の愛読書は山岡荘八の長編小説『徳川家康』だった。

朝鮮半島は、中国と日本の間に設けられた真空地帯、或いはバッファーゾーンであった。中国と日本だけがプレイヤーなら、それも機能するだろう。しかし、大陸の北方に中国より強い国が出てくると、状況は一変する。力の真空である朝鮮半島が日本に向かって突き出していることは、日本侵略用の鉄橋が無造作にかかっているのと同じであり、日本にとっては非常に危険である。北方の大陸勢力が南方の中国に向かえばともかく、日本に矛先を向ければあっという間に九州が攻め込まれる。日本人はそれを元寇で経験した。

後金を建国して後に大清帝国の礎を築いたヌルハチは満洲族の人であった。日本にとって幸いなことに、ヌルハチは豊臣秀吉の朝鮮出兵で疲弊し李自成の乱で自滅しかけた明王朝を制覇するために南下したので、日本には来なかった。ヌルハチの後を継いだホンタイジは二度、朝鮮半島に攻め込んだが（丁卯、丙子の胡乱）、朝鮮半島を隷下に置くだけで引き上げた。もしホンタイジが九州に攻め込んでいたら、三代将軍徳川家光は、北条時宗のように外来勢力と必死に戦う必要があったであろう。李王朝も、元寇の時の高麗王朝のように、日本侵略の先兵とされたであろう。

話を明治の頃に戻すと、朝鮮半島の北方には帝政ロシアが出てきていた。日本人からすれば、ロシアの進出と元寇が重なって見える。この状況に日本は、どう考えたのだろうか。「ピョンヤンから先はロシアにやってしまってソウルから南側を日本がもらったらいい」とか、「朝鮮半島は中立にしてもらえ」などと地政学的な意見がたたかわされていたという。いずれにしても「このままではまずいぞ」という国家的な危機意識が芽生えたことはまちがいない。帝政ロシアは、明治国家がはじめて具体的に認識した対外的脅威ということになる。

伊藤博文が総理として戦った日清戦争、山縣有朋が元老として取り仕切った日露戦争の時代は、日本の近代国家創設期であり、日本軍に戦略体系はなく、制度的にも必ずしも整ったものはなかった。しかし、当時は国家の規模も軍隊の規模も小さく、徳川幕府を武力で倒した明治国家の創業者（元老）たちが健在で、数十万単位の軍を動かす戦争指導に成功した。

生まれたばかりの明治政府は、列強の海軍の進出を恐れて「お台場」の大砲整備等の海防に専心するとともに、萩の乱、佐賀の乱、西南戦争等の内乱鎮撫に追われた。国内が落ち着き始めたころ四囲を見回せば、アジアは帝国主義の欧米列強による地球分割の最終段階であった。この頃、白人のキリスト教国である欧州、南北米大陸以外の国々は、国際政治の主体ではないことに留意を要する。日本、中国を含めて、北東アジアは国際政治の表舞台ではなく、あくまで植民地分割競争の競技場という位置づけであった。

若き明治政府が懸念したのは帝政ロシアの南下である。当時の日本からは北にロシア、南にイギリス、オランダ、フランスがアジアに迫る姿が見えている。フランスはベトナムを取り、インドシナ半島に東から入っていく。イギリスはインドを取り、マレーから東へ向かい、西からインドシナ半島へ入っていく。インドシナ半島の真ん中でどんどん細くなりながら、かろうじて生き残ったのがタイである。

アジアでは結局、十九世紀末までにオスマン帝国、タイと日本だけが生き残った。阿片戦争以後はフランス、ドイツ、イギリスがどんどん中国に入っていく。ロシアも満洲へと降りてくる。中国は、孫文が半植民地と嘆いた状況に陥っていった。ロシアは、海洋に覇を唱えた英国と異なり、陸軍輸送を容易にする鉄道網をユーラシア大陸内部に張り巡らせながら、極東（中国）、インド正面で、海上から進出した英国の権益と衝突する情勢であった。帝政ロシアはまた、不凍港を求めて南下していた。

明治政府が何より恐れたのが、朝鮮半島の戦略的真空であった。朝鮮は長い間、清の属国、自治領であり、自治は任せられていたものの、まともな軍隊の保持が許されていなかった。剝き身の貝のような状態の朝鮮半島は、それ自体がロシアを招き入れる脅威であった。当時の国際社会は弱肉強食で、戦争は自由なので、戦争して負けたら領土、場合によっては主権も奪われる。植民地になると主権国家として認められないから、何をされても文句が言えなくなる。これがジャングルの掟が支配すると言われた当時の国際法の仕組みである。

朝鮮半島を獲られれば釜山、対馬にまでロシア軍が迫ってくる。ウラジオストックから東シナ海に抜ける要衝にある対馬は必ず奪われるであろう。大陸勢力との戦略的縦深性確保が、日本政府の戦略上の課題となる。

伊藤博文の戦争指導、陸奥宗光の外交手腕

山縣有朋は、朝鮮半島を「利益線」と呼んだ。現在の言葉でいえば、戦略的縦深性確

保のための緩衝地帯である。そこに実体のある友好的な国家が存在し、安定し、繁栄することが、日本の安全保障上きわめて重要である。この「安定した、繁栄する、友好的な朝鮮半島」という目標は、現在に至るまで、一貫して日本の朝鮮半島戦略であり、国家としての戦略目標である。

しかし、老いたとはいえ朝鮮の宗主国であり、アジア最強の国と自負していた清は、属国である朝鮮半島に対する日本の関心や、朝鮮王朝内の親日改革派の動きに敏感に反応した。当時、清は、李王朝との修好条規の締結をもって、朝鮮半島に三ヶ所の軍港を租借しようとしていた。老いた清は、宗主国の誇りにしがみつきつつ、自らもまた帝国主義国家になりたかったのである。日清両国は東学党の乱を契機にして衝突し、日清戦争を戦うことになった。

伊藤博文は、日清戦争に先立つ一八八六年、世界で初めての陸海軍統合の軍令機関である参謀本部を設置する。陸海軍の統帥を一元化し、統合運用することを世界で最初に考えたのは伊藤博文指導下の日本である。しかし、この一元統帥は陸海軍の抵抗ですぐに形骸化し崩壊する。軍令（作戦指揮）の世界においては陸軍参謀本部と海軍軍令部が、陸海軍を各々別箇に統帥する仕組みが確立する。これ以降、陸海軍の統合運用は、戦争のたびに設けられる臨時統合指揮所である大本営が担うことになった。日清戦争は大日本帝国初めての戦争と言うだけでなく、大本営が設置された初めての戦争である。戦後の日本人は忘れてしまっているが、大本営は仮設の組織であり、戦争が始まってから軍議のために床几を揃えて戦場に張られる戦国武将の陣幕のようなものである。

伊藤総理は元老として外交と軍事を統括し、国家全体を指導することで、日清戦争で勝利をおさめることが出来た。陸軍参謀本部、海軍軍令部と陸海軍の指揮命令系統がはっきり分かれていたにもかかわらず、川上操六征清総督府参謀長（後に陸軍大将）が事実上陸海軍を統率した。互いに武器を向け合って身動きのできない「メキシカン・スタンドオフ」ともいうべき帝国主義時代に、陸奥宗光外相が列国の腹の内を冷静に読み切っていたことも、勝利に大きく貢献した。

日本による朝鮮半島、遼東半島への遠征は、七世紀の天智天皇による白村江の戦い、十六世紀の秀吉による朝鮮出兵以来であった。日清戦争の征清計画では、直隷平野決戦を経て北京陥落まで予定されていた。しかし、戦争終盤に伊藤総理が逸る軍を抑えて、敗走する清を深追いせず、賠償金と台湾、遼東半島の割譲で戦争を終結させた。伊藤総理の戦略判断は、自らの国力をわきまえた賢明なものであった。これぞ総理の戦争指導である。台湾の獲得は、当時の日本が国力発展の方向を、大陸ではなく南方に向けるべきと考えていたことを示すものである。

日清戦争の後、中国という大きな獲物を日本というネズミにさらわれることを嫌った露独仏は、三国干渉により日本の口から遼東半島を叩き落とした。その後、英国は威海衛を、ドイツは青島を、ロシアは旅順を、フランスは広州湾を、清から貪り取った。猛獣のような欧州列強が、衰退の明らかになった巨獣の清に襲い掛かり、生きたまま貪り食う様を、日本は慄然として見ていた。しかし陸奥外相は焦燥することなく、臥薪嘗胆を説いて雌伏することを決意した。陸奥の判断は正しかった。欲をかけば必ず失敗するのが外交である。戦争に勝っても外交で負ければ何も残らない。

日清戦争は、伊藤総理が陸奥外相、川上陸軍中将という人を得て、政治、外交、軍事を統括することによって得た勝利である。大日本帝国憲法は一八八九年に発布されたばかりであり、アジア最古の帝国議会は一八九〇年に開設されたばかりであった。

ロシアは日本に満洲、朝鮮への足掛かりを与えたくなかったのであろうが、ロシアに三国干渉をけしかけたドイツは、自らの対露国境を安定させるべく、ロシアの後背において日本とロシアの間に緊張の種を蒔くことを目論んでいたに違いない。敵の背後に問題を作り出すのは欧州型権力政治の常道である。日本人がこぞって臥薪嘗胆を唱え、ロシアに恨みを募らせるのを見て、ドイツ外交官はさぞやほくそ笑んだであろう。

日露戦争当時の国際情勢

日清戦争の結果、宗主国である清のくびきから逃れた朝鮮は独立することになった。今でもソウルの真ん中に、独立門と呼ばれるパリの凱旋門のような門が聳えている。当時の朝鮮の人々が独立を祝って建てたものである。その前に、二つ石柱のような門の礎石が置いてある。長い李王朝時代、朝鮮半島は中国の自治領のような存在であった。そこには、大清帝国の使節を迎える度に、屈辱的な臣下の礼を強要された迎恩門が立っていた。大韓帝国の独立を祝う朝鮮の人々が、迎恩門を引き倒して独立門を立てたのである。

しかし、朝鮮は長い間中国に抑えられていたために、また学者貴族の両班階層が武芸を蔑視する風潮が強かったこともあり、近代的な軍隊が組織できなかった。この点は、短い日本の占領期間中に各島嶼住民が組織化されたゲリラ部隊へと変貌を遂げ、オランダから実力で独立を果たしたインドネシア人や、ホーチミンの下でベトコンとなりフランスを実力で駆逐し米国とも戦い抜いたベトナム人とは、かなり趣が異なる。朝鮮半島は、あくまでも中華秩序の中で「小中華」という意識を持った儒教文化、文官中心主義の国であり、突然親分顔をし始めた武門の国、日本に対する反発は強かっただろう。日清戦争の結果、清の国力の衰退が明らかとなり、欧州列強の中国進出は一層激しくなった。逆説的であるが、日清戦争の結果、清と言う巨大な王朝の存在感が薄れ、欧州列強の北東アジア進出が進んだことで、日本の安全保障環境は更に劣化したのである。

日本は日清戦争後、大韓帝国を独立させたが、弱体な李王朝はすぐに風前の灯となった。三国干渉で日本の力を過小評価した李王朝は、急速にロシアに傾いていく。高宗がロシア公使館に逃げ込んで執務を開始すると言う前代未聞の事件も起きている。宮廷内の権力闘争と外国勢力とが常に結びつくのは、自らの軍事力を持たない李王朝の事大主義外交が繰り返す悲劇である。ロシアにおいては、極東は外務省ではなく開拓の対象として大蔵省の所管であった。大蔵大臣であったウィッテ伯は、弱小な日本と勢力圏分割交渉を行う気はさらさらなかった。

ロシアは、日清戦争の賠償金支払いに苦しむ清にフランスで調達した資金を貸し付け、代償として満洲を横断する鉄道（東清鉄道）、ハルビンから旅順への支線（南満洲鉄道）敷設の権利を得た。シベリア鉄道は未完成であったが、ユーラシア大陸を貫通するロシアの輸送網が完成しつつあった。それはロシアの陸軍機動力を大きく向上させるものであり、日本のみならず中国に大きな権益を有する英国にとっても脅威であった。

日英同盟の締結と日露戦争

やはりロシアは南下してきて日本とぶつかる。一九〇〇年、中国で外国排斥運動とも言える義和団事件が起こるが、ロシアは国際出兵による義和団事件の鎮圧以後も、そのまま満洲に居座った。満洲駐留ロシア軍の脅威は、陸続きの朝鮮半島を通じてひしひしと日本に伝わってきた。

インド、マレー、香港を手に入れたイギリスは、アジア中心部からのロシアの膨張を嫌っていたから、日本との同盟を持ちかけてくる。国力に不安のある日本は、一九〇二年に日英同盟を締結してロシアと正面から向き合う道を選んだ。当時、国際政治の正面である欧州ではドイツの急激な台頭が始まっており、ドイツを挟む仏露が協商し、英国が「栄光ある孤立」を捨てて仏露と協商する道が開かれつつあった。しかし、依然として陸軍で劣勢な英国は、世界的な植民地獲得競争の次元では、特に極東及びインド正面において、帝政ロシアを牽制する必要があったのである。

急速に近代化したとはいえ、未だ国力の小さな日本は、大英帝国にとって格好の極東の先兵であった。日本にとっても日英同盟は渡りに船であった。日英同盟を結んでいた英国が陰に日向に力を貸してくれたからこそ、またセオドア・ルーズベルト米大統領の時宜を得た介入があったからこそ、日本はかろうじて日露戦争に勝利することができたのである。

ロシアと日本の角逐は、朝鮮半島の影響力をめぐるものであった。黄海海戦、旅順港封鎖作戦、二〇三高地の激戦、蔚山沖海戦、対馬沖海戦等、日露戦争はみな朝鮮半島周辺での戦いばかりである。東郷平八郎提督の「皇国の興亡この一戦にあり」の台詞で有名な対馬沖海戦では、日本がロシアのバルチック艦隊を壊滅させた。ロシア側死者四千五百に対し、日本側死者僅か百名余の完勝であった。

日本は、非欧州的伝統の国の中でただ独り、欧州列強と並んで産業国家化に成功した国であった。その日本が帝政ロシアを下したことは、「どの国でも近代化できる。産業化に先行した欧州の国々の収奪的な世界覇権は永続しない」という希望のメッセージを広く世界に送ることになった。ロシアの暴虐に苦しめられ続けた国々では、今でも日露戦争の日本勝利を称える声が聞かれる。

日露戦争当時の桂太郎総理は、西園寺公望と共に「桂園時代」と言う安定した政権交代の時期を担当した首相であり、戦前では通算で最長の任期を務めた総理である。

彼も人に恵まれた。日露戦争では再び大本営が設置された。陸軍においては大山巌満洲軍総司令官、児玉源太郎満洲軍総参謀長が指揮を執った。乃木希典将軍は二〇三高地を奪い、旅順港を裸にした。東郷平八郎提督は、対馬沖海戦でバルチック艦隊を破った。小村寿太郎外相はポーツマスでの和平交渉をまとめ上げ、ハーバード出身の金子堅太郎は米国での戦費調達と宣伝工作に奔走した。

専制的なロマノフ王朝に対する不満が鬱積していたロシアは、革命前夜の混乱の中にあった。シベリア鉄道は完成しておらず、極東への陸軍輸送にも問題があった。帝政ロシアが獲得したシベリアにおける巨大な戦略的縦深性は、極東で攻勢に出る際には、皮肉なことに逆に大きな負担となった。バルチック艦隊の極東派遣は、喜望峰を回る遠大な航海であった。スエズ運河は明治維新の翌年に開通していたが、エジプトは日本の同盟国である英国の保護国と化しており、バルチック艦隊は利用できなかった。

初めての欧州列強との正面戦争となった日露戦争を戦い抜き、和平にまで持ち込むことが出来たのは、小村寿太郎のような傑出した外交官や、大山巌、乃木希典、児玉源太郎等の名将がいたからだけではない。桂太郎総理を陰から支えて外交と軍事を統括した同じ長州出身の元老、山縣有朋がいたからである。

指導者の質が国運を決める。指導者には、彼を支える優れたチームが必要である。優れた外交官、軍人、財政家等のチームがあってはじめて、国家としての総合力を発揮することができる。それが揃わなければ、強く優れた政治的リーダーシップは生まれない。

日本の朝鮮統治を検証する

その後、日本は朝鮮半島を併合することになる。新生大韓帝国を、ロシアに対抗する強力な国家に変貌させることは、日本の国力を超えていた。日本の朝鮮半島経営の優先的関心事項は対露安全保障であり、併合して朝鮮を近代化することが、帝政ロシアへの備えとして、日本の国益だと考えられたのである。

この後、日露関係は一応の安定を得る。また、日米間では桂タフト協定が結ばれ、フィリピンが米国、朝鮮半島が日本との勢力圏画定がなされ、日米関係も安定する。

韓国の学者の中には、桂タフト協定が日本の朝鮮統治を可能とした元凶のように言う人たちがいる。彼らは、もし米国が日本を朝鮮半島から駆逐していれば、朝鮮は立憲民主主義の君主制国家として独自に発展したと主張するが、見果てぬ夢である。当時の地政学的力学を前提にすれば、日本が弱体化すれば朝鮮半島は米国ではなく直ちにロシアの手に落ち、朝鮮の人々はカザフスタン人、ウズベキスタン人、キルギス人、トルクメニスタン人、或いはブリヤート人と同様、モンゴル・チュルク系ロシア人として帝政ロシアの、やがてはソ連邦の一部を構成することになっていたであろう。

また、当時の米国は未だいっぱしの帝国主義国家であった。米墨戦争で広大な西部を手に入れた米国は、明治維新の頃には南北戦争を終えて国家統一を成し遂げ、そのまま更に西の太平洋に目を向けて、リリウオカラニ女王が統治するハワイ王国を準州として併合し、アギナルドの下で米西戦争を契機に独立したフィリピンと残虐な戦争を戦って米国がフィリピンの独立を押し潰したばかりであった。その犠牲者は数十万以上と言われる。フィリピンを併呑したのは、日韓併合と同じ二十世紀初頭のことである。桂タフト協定での日米間の勢力画定は、朝鮮半島の日本側利益と、フィリピンにおける米国の利益を相互に認め合うためのものであった。米国は朝鮮半島に関心を示さなかったのである。

保護国化や勢力圏画定は、帝国主義の全盛期であった二十世紀初頭まで、ごく普通に行われていた。例えば英国は、オスマン帝国領のエジプトを一八八二年に事実上保護国化した。その後、英仏両国はフランスのモロッコ支配と英国のエジプト支配を相互に認め合った。英国がオスマン帝国にエジプトの保護国化を正式に通告したのは、日韓併合から四年後の一九一四年のことである。

日本の朝鮮半島統治を巡っては、マルクス主義史観の強い影響で、七〇年代くらいから「暗黒そのものの地獄絵図だった」という言説が急速に広まった。それはまた、戦中戦後の連合国の宣伝とも軌を一にする。

もとより自由主義的な国際秩序が根を下ろした二十一世紀の今日、いかなる植民地支配も正当化することはできない。また、朝鮮半島の併合前後に起きた義兵運動鎮圧の過程で、二万近くの犠牲者が出たとも言われている。しかし、一九一九年に起こった三一独立運動事件の後、治安は落ち着きを見せ、朝鮮半島は飛躍的な発展の時代に入る。

執拗なゲリラ活動などなかった。独立運動も直ちにモメンタムを得るわけではない。日本支配の下で、李王朝の閉塞した伝統的儒教社会と訣別し、朝鮮の近代化と経済発展に尽くした人もいた。封建的な身分制社会から抜け出して、近代日本の下で自己を実現しようとした人たちもいた。世界の植民地支配を比較して日本の植民地支配が格別に残虐だったというのは、単純に事実に反する。

日本にとっては対露安全保障が朝鮮経営の主眼である以上、朝鮮を富ませ強くすることが日本の国益であった。欧米の様な収奪型の植民地経営は朝鮮を弱体化させてしまい、かえってロシアを朝鮮半島に招き入れることにしかならない。本来、世界各地の植民地経営に成績を付けて比較すると良いのだが、戦前の大川周明がやったような欧州植民地を批判的に検討し日本と比較するような研究は、残念ながら戦後の日本には少ない。最近になって、ようやく客観的な統計を踏まえた経済学史の専門家が批判の声を上げ始めた。青山学院大学の木村光彦教授（『日本統治下の朝鮮』著者）や、ソウル大学の李栄《イ・ヨン》薫《フン》元教授（『反日種族主義』著者）等がそうである。

朝鮮半島では、欧州植民地に見られるような奴隷制農場経営や奴隷的使役による鉱山開発が行われていたわけではない。欧米人の植民地経営のように、モノカルチャーのプランテーション経営で、伝統的な社会構造、経済構造を破壊したわけでもない。逆に日本は、台湾や満洲の場合と同様、朝鮮半島でもいきなり重工業化を目指したのである。

このような植民地支配は、世界に類例がない。

僅か三十数年の日本の統治下で、朝鮮半島の人口は約千三百万人から約二千五百万人に増加している。さらに二百万人が日本に出稼ぎに出ており、百万人が満洲に、更に百万人が華北へ移住していた。工場の数は数百から六千になり、その半分は朝鮮人自身の経営であった。稲作の生産性も二倍になった。日本は京義線、京釜線、京仁線等の鉄道インフラ整備や、鉱山開発、工場建設に力を注いだ。隣国を植民地として近代化を推し進め、安全保障上の盾とする日本の植民地支配は、欧米と比べてもかなり特殊であり、当時は「内鮮一体」と呼ばれた。

神権政治が横行した朝鮮王朝時代、両班は神官、行政官、司法官を兼ねた絶対的な支配層で、文字（漢字）と教育を独占していた。農業や製造業は当時、人口の数分の一を占めると言われた奴婢に任されていた。奴婢とは牛馬と共に市場で売買される奴隷である。日本では中世に廃止された奴隷制度が、五百年続いた李王朝の朝鮮半島では連綿と続いていたのである。その人口に占める比率は、世界的に見ても非常に高いものであった。

日本は国民教育にも力を注いだ。一九二四年の京城（ソウル）帝国大学設置は、「適塾」の後身である大阪帝国大学の設置（三一年）や名古屋帝国大学の設置（三九年）よりも早い。朝鮮半島の義務教育は一九四六年に完成される予定であったが、戦争のため未完となった。

先に述べた通り、安全保障上の理由から、植民地自身を内地（日本）の富国強兵路線の一環に組み込む日本の植民地政策は、世界的に見ても相当に変わったものである。逆にオランダ領インドネシアや豪州が統治したメラネシアのように、現地住民に対して愚民政策をとり、教育を施さなかった例は沢山ある。ベルギー領コンゴのように人口の激減した植民地もある。

厳しい身分制社会のくびきを逃れ、日本統治下で自由な新しい人生のチャンスを求めた朝鮮半島の人々にとって、日本軍もまた出世街道の一つであった。貧しい農家に生まれながら、陸軍士官学校を出て満洲軍で中尉を務めた後の韓国大統領・朴正熙は、その典型である。

日本軍の朝鮮半島住民に対する接し方は、欧州諸国の植民地住民に対するそれとは大きく趣を異にする。日本軍は、天皇陛下に絶対的忠誠心を持たない異民族の軍隊編入には消極的だった。逆に、朝鮮半島出身者といえども、厳しい選抜を経て入隊に合格した者は、日本軍の中に正規兵として編入された。朝鮮人将校の命令で日本人兵士が戦うことも当然とされた。もっとも有名なのは、フィリピンに配属され、戦犯として処刑された洪思翊中将であろう。これに対し欧米の植民地では、植民地住民は植民地住民だけの部隊を編成させられ、危険な任務を与えられ、指揮官には宗主国の白人将校があてがわれた。植民地住民の指揮の下で宗主国の白人兵が戦闘をするなど、到底考えられなかったのである。

日本は二百万人の将兵を戦争で失ったが、そのうち一パーセントは朝鮮人軍人軍属である。朝鮮半島自体は戦渦に巻き込まれることはなかったが、日本に来ていた人たち、日本軍と共に戦場にいた人たちの中には、日本人と同様、激しい戦闘に巻き込まれたり、空襲に巻き込まれたりして命を落とした人がいる。負けが込み始めた一九四四年には朝鮮半島の住民にも同じ日本人として総動員がかかった。その時に動員されたすべての人が差別されて、奴隷的苦役に従事させられたというのは明らかな虚偽である。ただ、日本の敗戦に伴う幾多の苦しみを、日本に在住していた多くの朝鮮半島出身の人々が日本人と共に味わったことも、紛れもない事実である。

日本の統治が朝鮮半島の人たちに残した傷は、経済的なものではない。欧米の植民地では、モノカルチャーのプランテーション農業と愚民教育で近代化への土台は破壊されたが、朝鮮半島ではむしろ逆に、日本統治時代に近代国家の形が出来あがった。しかし、それは朝鮮半島の人々のアイデンティティに、大きな傷を残した。最も多感な思春期に、家風の全く違う家に無理やり養子に入れられた子供の様なものである。それは戦後、朝鮮半島の人々に自分探しの旅を強いる結果となった。

面白いことに、金日成が実力で日本に勝ったと教えこまれている北朝鮮人の方が、日本に対して屈託がないように見える。韓国初代大統領の李承晩は、反日を核に据えて新生韓国のアイデンティティとして構築しようとしたが、その後、朴正煕大統領は朝鮮戦争の荒廃からの脱却、日本との関係強化を目指した。そのために反日の気運が抑え込まれ、韓国の日本に対する感情は、かえって鬱屈してしまったように見える。

大陸経営路線が導いた日本の破滅

朝鮮半島と日本の関係は深い。朝鮮半島には、漢時代の楽浪郡の設置などによって中国文明が早くから流入したが、漢滅亡後の数百年に及ぶ中国大陸の混乱期（三国時代、南北朝時代、五胡十六国時代）に、高句麗、百済、新羅の三国が鼎立《ていりつ》した。中国統一を果たした隋による度重なる侵略は、乙支文徳《ウルチムンドク》将軍率いる高句麗軍が跳ね返したが、隋の滅亡、唐王朝の登場の後、新羅が唐と結託して百済、高句麗を滅ぼした。七世紀の天智天皇の朝鮮出兵（白村江の戦い）は、新羅によって滅亡させられた百済を助けようとしたものである。

唐に敗退した日本の恐怖は大きかったであろう。対馬の浅茅湾の奥深く、対馬やまねこ空港の側に今も残る巨大な石垣は、防人の最前線として飛鳥時代の日本人によって建てられた金田城の名残である。対馬は日韓併合まで、常に日本防衛の最前線であった。

新羅による朝鮮統一以来、朝鮮半島には大唐帝国のような歴代中国王朝の強大な影響が再び及ぶようになり、中国王朝から王として封じられた歴代王朝が支配してきた。中国皇帝の支配体制下では、王とは県知事の様なものである。朝鮮の諸王朝は、宗主国である中国を脅かす大規模な軍隊と独自外交を禁じられたが、中華文明の一翼を担いつつ、独自の文明を花開かせ、自らの尊厳と自治を守ってきた。漢民族の支配する中国王朝が対日侵略の野心を持たなかったことから、中国大陸から九州に向かって突き出た朝鮮半島が力の真空であったとしても、それ自体は日本にとって安全保障上の脅威とはならなかった。豊臣秀吉という唯一の例外を除いて、日本は古代以降、大陸経営に関心を持たなかった。

ただし、中国の北方に強大な国家が登場すると、朝鮮半島が力の真空であること自体が、日本にとって大きな脅威となる。宋に対する元、明に対する清、そして清に対する帝政ロシアの登場は、日本に緊張を強いるものであった。元は十三世紀に二度の元寇を引き起こした。元に征服された高麗は、日本侵略の先兵となった。明を滅ぼした清は、十六世紀末の秀吉の朝鮮出兵（「倭乱」）の後、十七世紀に入り朝鮮を力で屈服させたが（「胡乱」）、幸いにして日本に野心は持たなかった。十九世紀に入り、その清を北方から圧し、愛琿《あいぐん》条約、北京条約によって広大なシベリアの領土を切り取り、更に満洲（中国北東部）、朝鮮半島、対馬に関心を示したのが帝政ロシアである。

日本の朝鮮半島政策は、帝政ロシアに対する安全保障政策の一環として展開していく。日本は明治以来、友好的な勢力が軍事的にも経済的にも自立し、繁栄し、朝鮮半島を安定させ、同半島を大陸勢力による日本侵略経路とさせないことを戦略的な目的としてきた。日露戦争後も、当初から日韓併合を考えていたわけではない。しかし、一九〇七年のハーグ国際会議に高宗が外交権回復を狙って密使を送っていた事件や、一九〇九年にハルビンで朝鮮の併合に反対していた伊藤博文初代韓国総監が安重根に暗殺されたことなどから、日本は朝鮮の保護国化から併合へと突き進む。

朝鮮を守るためには、満洲におけるロシアの影響力を中和せねばならない。目が満洲に向く。満洲を取れば、怒った中国人を抑える為に北支（華北）に降りるかと言う話になる。軍事的な発想だと、そうなるのである。そうして帝国陸軍は、オーバー・ストレッチを引き起こして帝国の滅亡を招いた。

急激な領土拡張は、必ず周囲の反発を招き、それが更なる拡張を生み、やがて滅亡に至る。日本の大陸経営も、そうして失敗したのである。

特筆すべき「第一次国防方針」

日露戦争が終わった後、日本の国家安全保障戦略上、特筆すべき文書が書かれている。第一次帝国国防方針である。起案したのは後の総理大臣で、陸軍長州閥最後の大物である田中義一（当時中佐）である。田中の起草した案文を山縣有朋が明治天皇に奏上したこの帝国国防方針は、戦略的思考に貫かれ、現在の国家安全保障戦略体系に近く、その論理の組み立て方は現在のものよりも優れている。

第一次帝国国防方針では、日英同盟を前提にして国家戦略と言うべき「国防方針」を定め、その下での軍事戦略というべき「用兵綱領」を定め、最後に防衛戦略というべき「所要兵力」を定めている。何が優れているかというと、対英協調外交を軸として仮想敵と味方を分け、仮想敵（筆頭はロシア、続いて米仏独）を分類して戦い方を構想し、そのために必要な防衛力整備を提案しようという、その合理的な考え方である。「国防方針」「用兵綱領」「所要兵力」が三位一体になっているところが素晴らしい。

この考え方は、国家安全保障戦略、防衛戦略、軍事戦略という三本柱からなる米国の国家安全保障戦略体系と同様であり、戦略的思考の基本に忠実である。なお今の日本の国家安全保障戦略体系には、国家安全保障戦略があり、その下に防衛装備調達の基本方針を示す防衛大綱（事実上の国防戦略。帝国国防方針の「所要兵力」に相当）が揃っているが、帝国国防方針にいう「用兵綱領」、すなわち統合軍事戦略がない。ありうべき紛争シナリオを国民に説明し、陸海空三軍の統合運用計画に関して政治指導者の了承を得る、という作業が為されていないからである。これは田中の第一次帝国国防方針と比較して、根本的な欠陥である。

第一次帝国国防方針に問題があるとすれば、日英同盟が所与のものとされており、「なぜ日英同盟が国益に資するのか」と言う外交戦略（政略）に関する部分が薄く、国防方針（軍略）に重きがかかっていることである。もともと国防方針と題された文書であるから、初めからそういう限界があることは否めない。陸奥や小村のような優れた外交官による情勢分析と帝国外交方針が帝国国防方針と組み合わされれば、真の国家安全保障戦略となりえたであろうが、日本ではそこまで外交と軍事を統合させた文書が政府によって策定されたことはない。学術界でも外交史と軍事史をバランスよく組み合わせた日本近代史がなかなか書けないのは、日本政府がそのような総合的な戦略思考をしてこなかったために、そもそもその手の文書がないからである。

一般論を言えば、国家安全保障戦略では最初に外交戦略が来る。外交戦略とは、客観的に軍事、経済、政治的な力の要素を分析評価して、国家間の力関係を考え、そのバランスを正確に把握しつつ、常に勝ち組に入り込み、自らの国力に応じた利益を主張し、同時に他国との共通利益の増進を考えて、敵を孤立させ、或いは取り込み、未然に紛争の芽を摘むための戦略である。

これに対して軍事戦略は、最悪事態に関わるシナリオを複数予測し、万が一の場合にはどの国と戦争を構える恐れが最も高いかを検討し、仮想敵国に応じてシナリオを考え、作戦の概要を構想するものである。軍人の頭の体操である。

両者は連続しており不可分の関係にある。外交戦略によって味方、敵、中立国を見極め、最悪のシナリオを予測して、軍事戦略によって最も効率的な戦い方を考え抜けば、そこから「所要兵力」（必要な軍事装備）が出て来る。これが普通の国家安全保障戦略論である。外交を無視して力だけで国家間関係を仕切ろうとすれば、結局、四囲を敵に回して、大日本帝国のように自壊する。

紀元前四世紀にインドのチャンドラグプタ王に仕えたカウティリヤの大著を、後世のカーマンダキが抜き書きした『ニーティサーラ（政策精髄）』では、外交では味方のグループ、すなわち自分の味方、自分の味方の味方、そのまた味方をよく確認し、次に敵のグループ、すなわち敵の味方、敵の味方の味方、そのまた味方をよく確認し、最後に中立国、特に力のある中立国の動向を注視するように教えている。また戦争を始めるときは、先ず敵の後背を敵の背後にいる味方に突かせること、強力な中立国を戦争に巻き込まないことを勧めている。敵の敵は必ず味方である。中立なものを敵側に押し込むのは愚策である。これらは権力政治的な外交戦略から見た国家安全保障戦略の基本である。

古代の知恵は現代にも生きている。例えば中東情勢などは、イスラム教対ユダヤ教、スンニ派対シーア派、トルコ民族対アラブ民族対ペルシャ民族対ユダヤ民族などと言う枠組みよりも、「敵の敵は味方」と割り切った方が遥かによくわかる。

ところが、こんな簡単なことがなかなかできないのが現実の世界である。孤高の海上王国としての歴史の長い日本では、外交官も軍人も、大国間関係の管理に慣れておらず、相手国との二国間関係に集中しやすい。世界を敵味方にグループ分けして地球的規模で長期に亘る戦略バランスを構想したり、また第三国間の外交関係に目配りすることが苦手である。

しかし、外交は常に連立方程式である。全体を見る力がない国は滅びる。

劣化していった帝国国防方針

第一次帝国国防方針では、北からロシア、南から米仏独等の列強に押し込まれる中で、国家発展の方策として、欧米に倣った帝国主義的な膨張政策が構想された。また、日清戦争で獲得した台湾島を基点とする南進政策と、日露戦争で獲得した朝鮮・満洲権益を守ろうとする北進政策が併記された。

南進は海軍の主張するところであり、移民、通商によりわが方勢力を中国南部に扶植し、必要があれば欧米の艦隊を撃滅して、その根拠地を覆滅するというものであった。

北進は陸軍の主張するところであり、ロシアの南進に備えて日露戦争後の朝鮮半島と満洲権益を守るというものであった。それは両軍の予算獲得の欲求に応えるものだった。所要兵力として陸軍は戦時五十個師団、海軍は八八艦隊（戦艦8、巡洋艦8）の創設を訴えた。共に当時の国力と財政を無視した要求であった。

第一次帝国国防方針は軍の中だけで立案され、明治天皇に奏上されたが、西園寺公望総理はこれを外務省、大蔵省と協議することをしなかった。それでもこの国防方針が国家戦略として機能したのは、国防方針と用兵綱領と所要兵力を三本柱とする骨太の戦略的思考が生きており、かつ元老たちが超法規的な存在として国家を統合していたからである。第一次帝国国防方針を明治天皇に奏上した山縣有朋は、常に座右に原本を置いていたという。防衛研究所に現存している原本には、角張った墨書で「山縣元帥用」と記してある。愛読書だったのだろう。

明治の陸海軍は、やみくもに力で北進、南進をしようとしたわけではない。そこが昭和の軍人との違いである。欧米列強の帝国主義が猛威を振るっているアジアにおいて、帝国陸海軍にとって北進、南進は、あくまでも長期的に見た日本発展の戦略的方向性を示す言葉に過ぎなかった。一九四一年の独ソ開戦の後に、ソ連に攻め込むかベトナムに降りていくか右往左往した昭和の軍人達の戦術的な北進論、南進論とは大きく趣を異にする。当時の日本軍人は、自らの力の限界を弁えて行動した。弱肉強食の世界では当然のことながら、安易な膨張よりも確実な生存が優先された。弱いことがそのまま悪であった時代である。

また、日本最初の国家戦略に、日英同盟という大きな外交の鉄枠がはまっていたことは、日本の戦略的思考の未熟さを補って余りあった。外交と軍事の利害が国策の頂点で一致すれば、同盟が生まれる。同盟の本体は軍事協力である。軍事的実体がなければ同盟ではない。それはただの協商（パートナーシップ）である。そして良い同盟は、首脳のレベルで外交と軍事を常時一体化させ、国家安全保障戦略の要になる。その点は戦前の日英同盟も、戦後の日米同盟も同じである。

帝国国防方針は田中によってもう一度改定されるが、その原本は残っていない。残念ながら、田中の後の帝国国防方針は日英同盟消滅後、ただの軍事戦略の文書に堕していく。軍人が外交を壟断して、予算獲得のためにバラバラに仮想敵を選ぶだけの文書が、至高の国家戦略のように扱われていく。そして帝国政府は、軍人が仮想敵国として選んだ米国、ソ連、イギリス、オランダ、中国の全てと戦争して自滅した。囲まれた大人全員に頭突きをして回る反抗期の子供の様なものである。生前の山縣や田中が見たら泣いて悲しんだであろう。

第三章　対華二十一ヶ条要求、日英同盟消滅、統帥権独立

血を流した海軍、高みの見物を決め込んだ陸軍

第一次世界大戦の際、日本の帝国海軍は同盟国である英国側に立って参戦し、マルタ島を拠点にして、数十万人の連合軍を輸送するという協力をした。

マルタの歴史書には、人種差別に耐えて勇猛な活躍をし、連合軍の中で名を馳せた日本海軍を称える一章がある。そのうちの一隻「榊」が魚雷攻撃を受けて、幾多の将校と水兵が亡くなっている。マルタには今も国立墓地に白亜の慰霊塔があり、帝国海軍第二特務艦隊の英霊が眠っている。その活躍があったからこそ第一次世界大戦後、日本は戦勝国になって、国際連盟で常任理事国になったのである。

ところが、この時陸軍は「なぜ欧州まで行く必要があるのか」と言って出兵を拒否していた。当時、独立したばかりのオーストラリアは兵を出し、トルコのガリポリで壊滅

的な被害を出している。豪州軍を輸送、護衛したのは帝国海軍の軍艦「伊吹」である。ところが日本陸軍は、法的に日英同盟上の義務がないことを盾に参戦拒否し、欧州戦線に出向かなかった。グローバル・パワーの英国とリージョナル・パワーの日本では、国益の重なる地域が限られる。動きの重い陸軍の場合には、特にその傾向が強くなる。当時、日英同盟の適用範囲は「東亜及び印度」とされていた。そのために日本陸軍は、機械化された総力戦という、それまでの戦争とは桁違いに悲惨な第一次世界大戦を経験することがなかった。それは日英同盟消滅の遠因となり、後に日本陸軍の近代化を遅らせ、精神主義が跋扈する要因となった。

陸軍が参加しなかったために、日本国民には第一次世界大戦の悲惨さが十分に伝わらなかった。だが、欧州の歴史では、第一次世界大戦の方が、第二次大戦よりも大きな意味を持っている。「ベルエポック」と呼ばれたそれまでの王朝中心の国際秩序を完全に破壊したという点では、欧州人にとって第一次世界大戦こそが圧倒的な衝撃であった。ヨーロッパの人たちにとって「大戦」と言えば、第一次世界大戦を指す。

第一次世界大戦を契機に、国家間の力関係がガラリと変わった。ドイツ・プロイセンのホーエンツォレルン家、オーストリアのハプスブルク家、ロシアのロマノフ家、オスマン帝国が倒れた。中東欧から中東にかけての広大な地域が、ポンと真空になったわけである。

対華二十一ヶ条要求という愚策

このとき日本外交は大きな失敗を犯した。ヨーロッパ勢の関心がアジアから離れたのをいいことに、力の真空となった中国大陸で、敗戦国ドイツの権益移譲を口実に好き勝手な要求をしたことである。

ドイツに対して参戦した折、日本は地中海で帝国海軍が輸送作戦で活躍しただけでなく、陸軍が中国大陸に出向いて山東半島等のドイツ権益を攻撃した。ヨーロッパの諸帝国は第一次世界大戦の最中であるから、日本の動きに懸念を持ちつつも、アジアへの軍事的関心を割くほどの余裕がなくなっていた。

日清戦争の後、日本は中国が欧州諸国の食い物にされるところを目の当たりにした。三国干渉で返還した遼東半島も、直ぐにロシアに持っていかれた。「弱い」という事実の辛さが骨身にしみていた。国力の上がった日本は、今度は自分が欧州諸国の間隙をついて、帝国主義国家の真似をしてみたくなったのである。

中国では、第一次世界大戦直前の一九一一年に辛亥革命が起き、翌一二年に清朝が滅んだ。孫文を臨時大統領とするアジアで最初の共和国が自立する。中華民国である。しかしその後、中国大陸は混迷を深め、各地に軍閥が跋扈する混沌の時代に入っていく。

その間隙を縫うようにして、大隈重信首相は第一次大戦の勃発後の一九一五年、中国に対して「対華二十一ヶ条の要求」を行なった。中国は、第一次世界大戦が終わる最後のタイミングで参戦したことになっているから、形の上では戦勝国となる。その中国に向かって、戦争が終わる前から日本は「あれをよこせ。これをよこせ」と要求したわけである。アジアで猖獗を極めた帝国主義の尻馬に乗った形となり、当然ながら中国のナショナリズムに火をつけることになった。これには元老の支配を嫌い、外務省の独自外交に固執した加藤高明外相の影響が大きかったと言われている。加藤外相は名だたる英国通であった。

ここが日本近代史の一つの大きな転換点だったと思う。日本は帝政ロシアの南下が怖いから朝鮮半島を併合した。その後もロシアの南下に備えて、折に触れて北へ向かって大陸に深入りしていく。日本陸軍の頭の中には、常にロシア（ソ連）のことが念頭にあった。しかし、日本自身が帝国主義国家の片鱗を見せた対華二十一ヶ条の要求は、中国の反日ナショナリズムに火をつけることになったのである。

中国「抗日建国」神話の原点

もともと中国人の反感は、阿片戦争以降イギリスに向いていた。それが突然、日本に向き始めることになった。こういう時、イギリス人はそれを煽ってくる。中国（特に漢民族）のナショナリズムが、明治維新の日本のように、近代的な国民国家化、産業国家化を目指して胎動を始めたタイミングで、日本は一番の敵として登場してしまったのである。

日本の戦略はこれ以降、中露（ソ）二正面を睨まねばならなくなった。近代日本はロシアの南下を恐れて関心を北に集中させていたにもかかわらず、南の中国の怒りに火をつけたのである。当時の日本には、二十世紀後半に巨大な波となってアジアを覆った民族自決の情熱が見えていなかった。

中国は、第二次世界大戦後の一九四九年に国家を統一して共産主義国家になるが、今、中国の人たちが盛んに言う「抗日建国」神話の根っこに、この対華二十一ヶ条要求がある。辛亥革命が起きて清朝が滅びる、軍閥が分立したところに日本が入ってくる、蔣介石が出てくる、それらすべてを追い出して国をつくったのが中国共産党である、という建国神話の原点がここにあるのである。

なお、中国が日本以外の列強と結んだ不平等条約は、日本の対米開戦で中国が連合国に回ったことにより、連合国側が解消に応じた。したがって中国は、明治日本のような条約改正の苦労はなく、戦後、日本以外の欧州列強との軋轢は生じなかった。日本だけが恩讐の対象として残ったのである。

大隈重信首相も加藤高明外相も、日清戦争後の欧州列強による中国分割や、三国干渉によって遼東半島をとりあげられた苦い経験を思い出していたであろう。彼らは、今度こそ日本が中国で帝国主義的主張をする番だと思ったのであろう。両者とも、まさか後世、対華二十一ヶ条の要求が二十世紀末の日中関係悪化の原点として糾弾されるとは思ってもみなかったことであろう。

日本は一八八九年に明治憲法を制定し、翌九〇年にはアジア最古の帝国議会を開設した。大正時代には政党政治が根をおろし、大正デモクラシーが花開いた。しかし立憲政治、民主政治の幕開けは、日本の高揚するナショナリズムや拡張主義、帝国主義的な主張と矛盾するとは考えられなかった。欧州植民地帝国も、二十世紀にはロシアを除いてみな立派な民主主義国家であった。自由、民主主義と言った普遍的価値観は国内での民主化を促進したが、主権を奪われたアジア、アフリカの人々にまで適用されるとは考えられなかった。依然としてアジア、アフリカは欧州権力政治の客体であり、その住民は同じ尊厳を持った人間とはみなされなかったのである。

ロシア革命の衝撃

二十世紀に入って日本に大きなインパクトを与えたのが、第一次世界大戦中の一九一七年に起きたロシア革命である。ロシアが世界で初めて共産化したわけであるが、これは今からは考えられないぐらい大きな思想的なインパクトを世界に及ぼした。産業革命の結果、どこの国でも社会格差が大きく広がり、都市労働者などの社会下層の人々には、鬱屈した不満がマグマのように溜まっていたからである。

共産革命は、中国で二千年以上前から言われてきた「不義の王を倒せ」という意味での古典的な革命とは違う。国家や民族を階層で分断し、上部階層を武力で破壊して、労働者の代表である共産党が生産手段を独占し、独裁を実現するというものである。この思想はまさに、産業革命の鬼子のようなものであった。

共産革命は、マルクスやエンゲルスの予言とは異なり、爛熟した資本主義社会では根を下ろさなかった。民主主義が機能し始めた先行の工業国家では労働組合が認められ、或いは議会での話し合いによって、富を再分配しようという動きが主流となった。穏健な社会主義である。

専制君主制の帝政ロシアでは、そうはいかなかった。ニコライ二世下でのロシア憲法制定、ロシア国会（ドゥーマ）開設は一九〇六年であり、日本の帝国憲法制定や帝国議会開設よりも遅い。革命によってロマノフ王朝が斃されたロシアでは、市民社会、資本主義社会の登場を待たずに、いきなり共産党独裁政治が成立した。民主主義が入り込むゆとりのないままに、専制の王政から共産党の独裁に代ったのである。

ロシア革命が起こした社会下層の人たちの不満の爆発は、世界的な社会現象となり、速やかに日本をも覆った。日本でも共産主義や社会主義が運動となって広がりを見せるが、日本共産党が武力闘争を容認し、コミンテルンからの指示を受けて天皇制を否定したために、戦前は危険思想として弾圧されることになった。

全体主義の三つのパターン

忘れてはならないのは、社会格差の不正義に怒ったのは左翼思想家や都市労働者だけではなかったことである。国家社会主義という考え方も登場した。共産主義イデオロギーに縛られた共産党ではなく、ポピュリスト的な独裁政党の下で国家が生産手段を独占するという考え方である。これがナチス・ドイツの発想である。近衛文麿総理や蔣介石等の考え方もこれと同じであろう。体系的な思想のバックボーンがあったわけではないが、昭和維新を叫び、二・二六事件を引き起こした陸軍の青年将校、下級軍人たちも、激しい社会格差に対する怒りに突き動かされたに違いない。だからこそ、昭和天皇の逆鱗に触れたこの事件に、国民の同情が集まったのである。

工業化は、昆虫の変態のように社会全体を激変させる。工業化に焦れば焦るほど、伝統社会を強権的に破壊し作り直したいという衝動が出る。人のものの考え方は急激には変わらないからである。後発の工業国ほど独裁権力による人工的な社会変革を求める。その途中で富が社会の上層部に偏在すると、社会全体を独裁的権力で作り直そうという強権的再分配の衝動、或いは社会の破壊の衝動が出る。それが全体主義である。

全体主義のエネルギーが国民の間に充満すると、議会の中からポピュリズムに乗った独裁政党が現れることがある。ヒトラーのナチズムがそうである。また、近代技術の枠を扱う軍人に知的エリートが集まりがちな途上国では、軍人の政治化と独裁が行われることがある。戦前、日本の陸軍士官学校、海軍兵学校は、東京大学と優秀な学生を取り合っていた。軍人の社会的地位は高かった。日本軍国主義は、軍部独裁に近い。或いはまた、マルクス主義の教科書通りの国を作ろうとする共産党独裁もあった。ソ連である。戦後現れた多くの開発独裁も、この三つのパターンのどれかに当てはまることが多い。

戦前、日本で革新と呼ばれた勢力は、左翼、右翼の双方に存在した。近代化の過程で歪んだ格差社会の全体を力で一気に作り変えるというスタンスは共通しており、おしなべて個人主義よりは独裁色が強く、どちらも濃厚に全体主義の匂いがする。

日英同盟の消滅がもたらしたもの

第一次大戦後の日本外交における最大の変化は、日英同盟が消滅したことである。日英同盟は、両国の間にドイツやロシアがいるからこそ意味があった。敵の敵は味方である。ところが第一次世界大戦後、ロシアは共産革命の混乱に陥り、その軍事的存在感が急激に小さくなった。ドイツ帝国も消滅した。日英同盟も必然的にその意義を希薄化していった。

ドイツとロシアの替わりに出てきた大国がアメリカである。英国は、英領だったカナダを守るためにも、巨大な国力を持ち始めた米国との関係を強化せざるを得なかった。中国に強権介入しようとする日本と、原理的に門戸開放を求める米国の緊張は、英国にとっては煩わしい雑音だったであろう。米国から見れば、日英同盟は、未だ世界覇権を米国に譲りきっていない英国と、新興勢力である日本がアジアを取り仕切る邪魔な存在に見えたはずである。一九二三年、日本外交の基軸であった日英同盟は、静かに幕を閉じた。

この頃になると元老の力が落ち、軍と政府、双方の官僚化が進んでいく。山縣有朋が期待した原敬総理の政党政治は大正デモクラシーの花を咲かせたが、原は暗殺され、失望した山縣も後を追って他界する。政党政治は党利党略に明け暮れて国民の失望を買い、政府を統制することが出来なくなる。明治憲法体制の弱点であった政権中枢の脆弱性が表面化する。絶対天皇制とはいいながら政府、陸軍、海軍がバラバラに動く兆しが強くなる。

日英同盟は日本政府の中で、外交と軍事を統括する鉄枠のようにして機能していたが、日英同盟消滅後は外務省の力が落ち、陸軍、海軍は外交の桎梏から解放された。第一次帝国国防方針は、日英同盟があったからこそ外交と連動し、国家安全保障戦略の代替物であり得た。日英同盟消滅後、外交の枠から切り離された第三次帝国国防方針、第四次帝国国防方針は、軍人の軍人による軍人のための軍事戦略に堕落、形骸化していく。

日英同盟と言う外交の枠が外れたことで、軍人は予算獲得などの不純な動機によって仮想敵国を自ら選び、そのうちに「実際に仮想敵国と戦争をするのだ」と思い込むようになる。伝統的に海軍は米国と、陸軍はソ連との戦争を念頭に、予算獲得に余念がなかった。

昔の人を笑うのは容易い。しかし、もし日米同盟という枠が外れた時に、いまの日本に自前の国家安全保障戦略、国防戦略、軍事戦略を立てる能力があるだろうかと考えると、心寒いものがある。

日本人にはしっくりこなかった米国の新思考外交

アメリカという国はおもしろい国で、彼らの東側にあるヨーロッパに対しては「我々は冷酷な欧州権力政治が嫌いだ」と言って関わることを拒否する。いわゆるモンロー主義である。ところが西側のアジアなどに対しては、自らの建国の理想を掲げて積極的に介入するのである。

戦間期に入ると、次第に「建国の理想」というアメリカ外交の地が出て来る。典型例がウィルソンの新思考外交である。ウィルソン大統領以降の米国では、民主主義と人権を世界に広げたいという革命的外交の欲求が出て来る。この辺りのイデオロギー性は、ナポレオンのフランスに似ている。力の裏付けのない理念的な介入主義と現実主義的な孤立主義がないまぜになっているのが、戦間期の米国外交の特徴である。

米国は、第一次世界大戦を無傷ですり抜けた。そして疲弊した欧州諸国を尻目に、「紛争は平和的に解決すべきである」「国際裁判を活用すべきである」「軍縮を進めるべきである」「戦争を違法化すべきである」等と、どんどん新しい主張を繰り広げた。そして、ウィルソン大統領が提唱した国際連盟の創設に至る。

しかし、当の米国では孤立主義回帰への反動がおき、米国の国際連盟加入は実現しなかった。力の後ろ盾を失った国際連盟は、やがて膨張主義に転じた日本、イタリア、ドイツが脱退し、フィンランドに攻め込んだソ連が除名され、その後勃発した第二次世界大戦で、その命運を閉じることになる。

また、米国は一九二一年、米英仏日で四ヶ国条約をつくり、アジアでの日欧米の協調体制を目指した。これによって日英同盟に代り、米国の提唱する新しい国際協調秩序がアジアに持ち込まれることとなった。しかし、当時の米国には、ウォール街に代表される獰猛な利潤第一主義によってドライブされた経済力があり、はびこる黄禍論と対日移民制限があり、また奴隷制はなくなったものの根強い黒人人種差別も残っていた。肌色の違う日本人には、米国の理想を素直に受け止めることは難しかった。逆に「アメリカがアジアの経済侵略に来た」と受け止めた面が強かったのである。

戦間期の国際思潮には、第一次世界大戦の惨禍に対する反省と戦後の疲弊から、強い平和主義が現れる。数百年の戦国時代を経験した欧州人も、流石に産業化された国民国家による総力戦の愚が分かり始めたのである。

しかし、太平洋戦争の倍近くの死者を出した南北戦争を戦って奴隷を解放したばかりの米国では、戦争ばかりしてきた欧州権力政治を忌避する伝統的な孤立主義が、外交指導方針として再び大きく顔を出しつつあった。また米国は、米墨戦争でメキシコから奪った広大な西部の開拓に取り組んでおり、力で併合したハワイとフィリピン以上にアジアでの領土獲得の野望もなかった。米国は未だ新大陸開拓に忙殺されており、欧州勢との帝国主義競争に飛び込むことに強い関心がなかったのである。若き米国にはまだ、欧州勢を押しのけて世界の警察官になるつもりもなかった。戦間期の国際協調主義、平和主義には、米国と言う力の裏付けがなかった。力の裏付けを持たない国際制度は短命である。

アメリカが強力に進めようとした紛争の平和的解決、国際司法という考え方も、日本人には最後までしっくりこなかった。幣原喜重郎外相や、安達峰一郎常設国際司法裁判所判事等が国際協調外交を代表する日本人であるが、世界的規模での総力戦の足音が再び響き始めた戦間期後半になると、残念ながら国際裁判等を通じて紛争を平和的に決着するという発想は、どんどん後景に追いやられていった。

民族自決と人種差別撤廃決議案

第一次世界大戦で、ホーエンツォレルン家、ハプスブルク家、ロマノフ家という「王朝」が滅んだ。これによって、民族自決の考え方が出てくる。ただし、注意しなくてはならないのは、当時の民族自決は東欧だけに当てはまるということである。

イギリスとフランスは、これらの王朝が復活してほしくない。だから中東欧諸国の少数民族の独立を望んだのである。彼らにとって、米国の民族自決の考え方は、彼ら自身の地政学的な利益と合致したものであった。米国は、欧州戦勝国の幾分よこしまな支持を得て、民族自決の理念を言い出したわけである。その一方で、オスマン帝国崩壊後の中東では、英仏両国はアラブ民族の独立など考えもせず、ちゃっかりと旧オスマン帝国領だった中東地域を分割している。

大統領だったウィルソンはアメリカ南部出身で、当時の米国人、欧州人は皆そうであるが、人種差別主義者であった。日本は第一次世界大戦後の戦後処理を話し合ったベルサイユ会議（パリ講和会議）で、世界ではじめて「人種差別撤廃決議」を出した。ほとんど通りかけたのだが、これを潰したのがウィルソン大統領である。

面白いのは、韓国の三一運動や中国の五四運動などはウィルソン大統領の影響だと言われていることである。民族自決を鼓舞するウィルソン大統領が、日本の人種差別撤廃決議案を潰すというのは、日本人にしてみれば理解に苦しむところがあるが、それが現実であった。アジア人の民族解放にはまったく関心がなかったのだ。ウィルソン大統領が、アギナルドによる独立革命後のフィリピンを米国が力で併合したことを後悔したという話も聞いたことがない。

日本は、日英同盟解消後、幣原喜重郎外相などの外務省本流の英米派、国際協調派が米国の理想主義的外交に共鳴し、国際連盟で活躍するが、国際連盟には力の裏付けがなかった。国際社会は一日では変わらない。欧州諸国の間では未だに権力政治が横行していた。植民地支配も人種差別も問題視されていなかった時代である。日本の中では、一方で外交官たちが、米国が新思考をもって作り出そうとした新しい国際秩序構築を夢見つつも、もう一方では軍人たちが、工業化が進み国民国家による総動員、総力戦の時代に入った欧州を見て慄然としていた。

日英同盟と言う錨を失った日本は、戦略的方向性を見失い漂流し始める。

日本憲政史上、最大の失敗

第一次世界大戦と第二次世界大戦の戦間期は、国際社会において、軍縮と平和主義が大きな声で唱えられた時代であった。不戦条約（一九二八年）が締結され、ワシントン海軍軍縮条約（一九二一～二二年）とロンドン海軍軍縮条約（一九三〇年）が成立する。この国際思潮に同調して日本でも、「軍備にお金をかけてもしようがない」という議論が世論に浸透し、軍人が公の場で侮蔑されるようになった。明治日本になって初めて、山梨軍縮や宇垣軍縮が実現した。特に宇垣軍縮は大規模で、陸軍師団を四つ潰すことになった。

軍縮と言っても、どんな国でも戦略兵器は簡単に手放さない。当時の戦略兵器は海軍であった。だから海軍軍縮が戦間期には大きな問題となったのである。

海軍の問題は、金食い虫だということである。史上初めての産業国家同士の総力戦となった第一次大戦後、海軍は縮小すべきだという話が各国から出てきたのには理由がある。大洋は余りに広いので、その全てを制圧するための軍艦を持とうとすれば、いかなる国も破綻する。戦争する理由が無くなったのであるから、軍艦の数も国際協調の枠組みの中で制限しようと言う話になったわけである。余りに巨大な破壊力を保持する意味がないと言うのは、冷戦時の米ソ間の核軍縮交渉に似ている。けれども、現在のP5諸国（米英仏中露の国連常任理事国）が核兵器を手放さないのと同じで、戦前の主要各国も決して戦略兵器である主力艦は手放したがらなかった。それは軍事力だけではなく、国家の威信にかかわるからであろう。

軍縮時代と言っても、現代のような国家間の国際的な信頼関係はまだなく、弱肉強食の世の中は終わっていなかったのである。世界の軍人たちはドイツの復讐主義に備え、工業化時代、国民国家時代の総力戦が再来する予兆を感じていたはずである。また軍縮は軍人にとっては失業を意味するから、当然反発もある。二〇年代以降の軍縮の反動は、三〇年代に大きなものとなった。

日本では、ロンドン海軍軍縮条約に対する海軍内の強い反発や、宇垣軍縮に対する陸軍の反発が出て、軍縮優先の風潮に逆風が吹き始める。特にロンドン海軍軍縮条約に対する反発が海軍を中心に大きな声となった時、「統帥権の独立」という戦前の日本を決定的に誤らせた憲法論議が出てきたことは大きかった。

その火付け役は、海軍内の艦隊派と呼ばれる人々であるが、これを憲法論に仕立てたのは帝国議会である。野党の政友会がロンドン海軍軍縮条約を利用して、民政党の浜口雄幸首相に対して、陛下の権限である「統帥権を干犯している」と主張して、なぜ軍艦の数を政治家や外交官が決めているのだと突き上げたのである。

これは日本憲政史上、最大の失敗であった。なぜなら、この時以降、統帥権が独立し、軍の専横と暴走に繋がったからである。シビリアン・コントロールの一翼を担うべき帝国議会が、こともあろうに軍を野に放つような憲法論を提唱したのである。これほどの愚はない。

統帥権（軍事作戦指揮権）は陛下直属とされ、そのまま形だけの大本営を経て、ほとんど調整の利かない陸軍参謀本部と海軍軍令部（併せて統帥部と呼ばれた）に二分されて落ちていく仕組みであった。軍事作戦を、総理大臣が主宰する政府の仕事（国務）と調整するのは、内閣の一員である陸軍大臣、海軍大臣の責任であった。しかし、統帥権の独立が強調されすぎると政府と統帥部の関係は壊れ、逆に政府から独立して動く統帥部の軍事作戦が、外交と政治を壟断するようになるのである。

こんな国は、世界中に存在しない。尻尾が胴体を振り回すようなものである。帝国議会が軍を政府から放し飼いにした。まさにシビリアン・コントロールの自死であった。軽薄な政局遊びの道具として国家の枢機にかかわる制度をもてあそんだ政治家の責任は重い。

明治憲法下の統帥権には、軍の作戦指揮だけでなく編成大権もあった。統帥権が肥大化すれば、軍の編成や予算まで統帥権の名のもとに軍が独自に組むことができた。もっと言えば、軍縮条約のような軍事に関連する外交までも、統帥権の名の下に軍が独占することが可能となり得たのである。

広田弘毅内閣の時代になると、軍部大臣現役武官制度が復活される。もともと陸軍長州閥のＯＢの影響力排除のために作られて、一時期廃止されていたこの制度が三〇年代後半に復活した。陸海軍は、内閣から陸軍大臣、海軍大臣を引き上げ、後任を出すことを拒否することで、陛下の大命降下で組閣された政府を思いのままに潰すことが出来るようになった。

この制度上の欠陥が、昭和前期に日本が道を誤ることになる最大の原因である。国内の反対を押し切ってロンドン海軍軍縮条約を批准した浜口雄幸総理は狙撃され、翌年に死亡している。浜口の死は、大日本帝国崩壊の序曲となった。

第四章　国際協調の終焉と大東亜戦争

反動と混乱の一九三〇年代

一九二九年の世界大恐慌の後に生じた世界経済のブロック化、同時に進行していた敗戦国ドイツの復興、後発イタリアの地中海進出、日本の満洲への野心などにより、二〇年代の世界を彩った国際協調主義は、三〇年代に入って急速に衰えていった。日本とドイツとイタリアは、みな十九世紀後半に国家統一を成し遂げた新興国家である。「持たざる国」と言われた国々が力をつけて、先行した「持てる国」からなる国際社会の「現状」に挑み始めたのである。共産革命を成し遂げたスターリンのソ連も国力を上げて来ていた。

また、多くの先行工業国では、初期の産業社会に特有の激しい社会格差が生まれ、共産主義のような階級間武力闘争や、強権的社会変革のための独裁政治を是認する空気が強くなっていた。先に述べたとおり、全体主義的な雰囲気が充満し始めたのである。

日本は、日中戦争が始まった三〇年代後半から、「英米本位の平和主義を排す」と題した論文を書いた近衛首相が、東亜新秩序（三八年）、大東亜共栄圏（四〇年）等の構想を相次いで発表している。三〇年代、霞が関や陸軍の青壮年官僚の多くはドイツに共鳴し、内には社会改革、外には現状打破やアジアの解放を求めた。大正デモクラシーの空気を肺の奥まで吸った外務省主流の国際協調派や英米派、また海軍主流の英米派は、苦々しく感じていたことであろう。天皇陛下もそうであったであろう。

「持たざる国」と言われた新興勢力の内、最も大きな力を持っていたのはドイツである。ドイツは「生存圏」思想を唱えた。第一次世界大戦で負けたドイツも、十五年経てば復活してくる。ドイツは国家として統一されたのが普仏戦争後の一八七一年、明治維新の三年後である。それまでは国内がバラバラの小さい国で、リシュリュー卿以来ドイツ分裂を画策してきたフランスに、いつも苛められていた。

ドイツはフランスよりも人口が多い。今でもヨーロッパで人口が一番多いのはドイツで、八千万人ぐらいである。フランスが七千万弱、イギリスが六千五百万程度で、いつもイギリスの人口が一番小さい。だからイギリスは貿易立国、海軍国になるわけである。

大陸ではドイツがまとまると、もう誰も勝てなくなる。ナポレオンがベルリンに攻め込んだ時、哲学者のフィヒテは「ドイツ国民に告ぐ」と題した火を噴くような演説を行ってドイツ国民の結束を促したが、それから半世紀以上が経ってプロイセン主導で統一したドイツ帝国は、最早フランスが単独で下せる相手ではなくなっていた。

この頃のドイツでは、第一次世界大戦の際に英国による大陸封鎖で引き起こされた大量餓死の恨み、過酷な賠償を課したベルサイユ条約体制への恨み、社会の格差に対する労働者階級の強い不満、大恐慌後の経済混乱に対する強い不満などが渦巻いていた。国民の激しい感情が吹き出し、大衆扇動が可能な状況が生まれていた。そこを突いて、ワイマール共和国の議会制民主主義という腹から生れた悪魔の子が、国家社会主義ドイツ労働者党、いわゆるナチスのアドルフ・ヒトラーである。

満洲事変は「下策中の下策」

日独伊三国の内、一番はじめに動いたのが日本である。一九三一年、日本は満洲事変を引き起こした。これは関東軍作戦主任参謀だった石原莞爾による作戦である。戦術的には目を見張るような成功だった。一万程度の兵力で十万程度の兵力を倒し、一瞬で満洲を獲ったのだから。

しかし、歴史的に見れば、これは戦術で成功して戦略で失敗したと言わざるを得ない。なぜなら、「統帥権の独立」を盾にしながら、あからさまに陛下を無視したからである。あれほどの大きな事件を、謀略と称して関東軍の軍人たちが勝手にやった。林銑十郎という後に総理になる朝鮮軍司令官は、朝鮮軍を勝手に満洲へと動かしてもいる。

満洲事変の起きた翌日、陛下はまず宮中の侍従武官長を呼ばれて、「これは何事か」と聞かれた。そうすると侍従武官長は「不拡大の方針でございます。ご心配なさらないでください」と答えた。けれども陛下は信用されず、今度は首相の若槻礼次郎を呼ばれた。同じように「これは何事か」と聞かれるわけだが、若槻も「陛下、ご心配なさらないように。不拡大の方針です」と答えている。嘘八百である。現地の関東軍は、東京の政府が知らない間に猛烈な勢いで動いていた。

満洲事変は憲政上、陛下を軽んじ、陛下の統帥権を決定的に形骸化させた事件であるが、戦略的にも日本の運命を決した。日本軍が大挙して満洲に入り、満洲が日本の衛星国家として独立すれば、当然ソ連との関係は緊張する。それは日本がソ連の背後に刃をもって入っていくようなものだからである。

また、自国領土を削り取られたと考える中国もナショナリズムを激しく燃え上がらせた。清朝滅亡後、軍閥が乱立し、英仏独日諸国に領土を侵食された中国は、満洲を奪った日本こそ主敵であると思い定めるようになったのである。

満洲事変によって、日本の戦略環境は決定的に悪化した。大陸の真中で、北からも南からも、長大な国境を抱えたまま、敵に挟まれるサンドイッチの具のような形になってしまった。軍事的に言えば、二正面作戦は常に難しい。また、そもそも二つの敵を同時に作るのは、外交上は下策中の下策である。地理的にフランスとロシアに挟まれたドイツは、宿命の地政学的戦略環境に常に苦しめられてきたが、日本は、英国の様な四面環海の島国であるにもかかわらず、下策中の下策の戦略環境を自らの手で作り出したのである。

日本と同時期に拡張主義に出たのがイタリアである。イタリアも後発の国で、イタリア王国が国内を統一したのは一八六一年である。出遅れたイタリアが目指したのは、地中海の対岸にある北アフリカの東側であった。第一次世界大戦でオスマン帝国が倒れた後、イギリスとフランスが、オスマン帝国領だった中東を分割した。英仏同様、第一次世界大戦の戦勝国となったイタリアは、英仏両国の勢力圏拡大を目の当りにして北アフリカに目をつけ、対岸のリビア、エチオピアに入っていこうとしたのである。アフリカ大陸は、二十世紀初頭には、英国、フランス、オランダ、ベルギー、スペイン、ポルトガルなどによって分割が終わっていた（ドイツは第一次大戦敗退後、植民地を失った）。エチオピアは、イタリアに残された重要な獲物で、実際、イタリアに併合されてしまう。

イタリアが目指したのは、古代ローマ帝国を彷彿とさせる地中海帝国であった。

イタリアにも濃厚な全体主義の雰囲気が充満していた。このイタリアを一九二二年から四三年までの長きにわたって率いたのが、ファシズムの原義となった国家ファシスト党のムッソリーニである。

上海事変と日中戦争の勃発

満洲はもともと日本とソ連の影響下にあり、中国本土に巨大な権益を有する欧州列強にとって、日本が満洲でソ連を牽制しているのは悪いことではなかった。国際連盟の時代となっても、力による権力政治がなくなったわけではない。植民地支配も人種差別も当然のように許された時代である。二〇年代の不戦の誓いとは、第一次大戦で疲れた帝国主義国家による現状維持の合意に過ぎなかった。

米国主導のワシントン体制は門戸開放と国際協調の理想をアジアに持ち込んだが、米国が軍事力によってコミットするわけでもなく、権力政治の信奉者である欧州列強や日本の軍人にとって「絵に描いた餅」だという気持ちも強かった。実際、満洲事変後のリットン報告書は満洲の独立は認めなかったが、日本の権益を広範に認める内容だった。リットン報告書は、過渡期の戦間期に相応しい権力政治のリアリズムが透けて見える文書だったのである。

しかし、英米本位の国際秩序に対して現状打破の野望を抱いてしまった日本は、日本全土を焦土にしても満洲を守ると言い切る外相（内田康哉）まで出るようになり、満洲国建国（一九三二年）に踏み切り、国際連盟で非難が高まると、松岡洋右全権は憤然とした面持ちで国際連盟を脱退して見せた。日本は、幣原喜重郎外相などが苦労して歩んできた欧米との国際協調主義の道を捨てて、武力による現状打破の道を選んだ。外交において短気は必ず損気である。

満洲事変後、中国人の日本人への憎しみは一層募る。邦人が襲撃される事件も相次いだ。満洲事変の後、塘沽《タンクー》協定によって日中関係は軍事的には一応落ち着きを見せるが、一九三七年になると再び一触即発の事態になる。盧溝橋事件によって日中戦争が始まったというのが定説になっているが、同年の第二次上海事変こそが日中戦争の真の発火点と言うべきであろう。

蔣介石は、ドイツ人ゼークトの力を借りて、上海に塹壕を掘りめぐらせ要塞化していた。戦略的思考に長けた蔣介石は、近代化の遅れた中国軍が日本軍と渡り合うためには、日本がソ連の抑えになっている満洲を戦場とするよりも、各国の租界が林立し、国際都市として発展していた上海を主戦場に選ぶべきだと考えた。そうすれば英米仏を含む国際社会全体を日本と敵対させ、中国の味方につけることができるからである。外交と軍事を統合した蔣介石の戦略は奏功し、また映像を駆使した優れた宣伝戦も大きな反響を呼び、日本は国際社会の中で一気に孤立していった。蔣介石は知将である。中国人は古来、戦場での戦術的戦闘行動よりも、外交と軍事をうまく組み合わせた戦略的思考に長ける。蔣介石も同様であった。

上海には各国の租界があり、日本租界は小規模な海軍陸戦隊の守備範囲であったから、中国軍の総攻撃に耐えられるはずもなかった。満洲の関東軍は、対ソ連の抑えとして動けなかった。日本陸軍は急ごしらえの上海派遣軍を作って投入せざるを得なかった。

上海事変は、新兵の多い上海派遣軍から多くの戦傷者を出すことになった。その実態は、日露戦争に匹敵する激戦であった。しかし、世界中を驚かせた日本海軍による世界史上初の渡洋爆撃が戦局を大きく好転させて、蔣介石軍は潰走する。現地の日本陸軍は、不拡大方針を取る中央の命令を無視して一気に首都・南京を攻め落としてしまう。

この時、満洲固守を唱えた石原莞爾は、華北進出を唱える部下の武藤章に押し切られている。石原自身が嚆矢となった統帥系統の無視が、自らに跳ね返った格好である。まさに下剋上である。武藤は石原に「私はあなたがやったことをやっているだけだ」と嘯《うそぶ》いたと言われている。軍の統帥が壊れれば、国家は体をなさなくなる。武藤はその後、日米開戦に反対するが、今度は同僚の田中新一に押し切られている。歴史は繰り返す。それも愚かな歴史ほど。

日中戦争は、真珠湾攻撃前までの四年間で、日本側将兵が二十万人も戦死する激戦であった。決して日本が一方的に押していたわけではない。陸軍は華北地方を制圧し、海軍は広州を制圧したが、重慶に遷都した中国軍は戦略的縦深性を深くとって、押しつ押されつの戦争となった。逆に、日本軍は「点と線」を確保していただけだというのも中国側の宣伝で、事実に反する。日本軍は華北と広州をほぼ制圧していた。中国軍は押せば引き、引けば押してくるので、まるで水辺の波と戦っているような状態で、日本軍は国際世論を敵に回したまま、戦略らしい戦略も持たず、負けることも勝つこともできない泥沼の戦争に引き込まれたのである。その後、何度か中国撤収の話が出るが、実現には至らなかった。

日中戦争開戦前の一九三六年に、国内でも重要な出来事が起きている。二・二六事件である。昭和恐慌と東北大飢饉がもたらした下層の人々の悲惨な現実に怒り、陸軍中堅の青年将校が政治化し、一個連隊を率いて引き起こしたクーデター未遂である。総理官邸が襲撃され、高橋是清をはじめ国の柱ともいうべき多くの重臣たちが倒れた。昭和天皇の強いリーダーシップで反乱は鎮圧されたが、その四年前に起きた五・一五事件などとも相まって、軍にはものが言えないという風潮が広まった。革新、昭和維新などというスローガンが叫ばれ、全体主義の匂いの濃厚にする時代であった。

なぜ日本はあれほどヒトラーに入れあげたのか

日独伊の現状打破組の中で圧倒的な力を振るった指導者は、ドイツのヒトラーである。アーリア人種至上主義者で、恐ろしい人種差別主義者である。ユダヤ人はすべて虐殺して消えてもらう、ドイツ人でも優生学的に劣等な人、すなわち障碍者には死んでもらう、そしてアーリア人種に劣るスラブ人種はすべて労働力として奴隷にする、そう真剣に考えた男である。世界植民地獲得競争に出遅れたドイツとしては、東欧から東側のスラブ圏はすべてドイツの生存圏としてドイツが頂くというのが、当時のヒトラーの発想である。

黄色人種として蔑まれていた日本人が、なぜヒトラーのドイツにあれほど入れあげたのか理解に苦しむところである。陸軍出身の大島浩駐独大使や軍のドイツ留学組の親独感情、米英を中心とする既存秩序の破壊への衝動の共有、著しく格差の開いた社会の変革への思い、ナチスの全体主義思想への憧憬などがあったことは事実であろう。それにしても、日独両国が共有していたのは対ソ牽制という利益だけであり、人種差別のヒトラーとアジアの解放を求める日本で価値観の共有などはあり得なかった。また欧州正面のドイツと、アジア正面の日本には真の戦略的、軍事的連携もあり得なかった筈である。

当時ソ連は、強いイデオロギー的影響力を持つ唯一の共産主義国家として孤立していた。その思想的、軍事的影響力を懸念するドイツは、ソ連を挟み込むようにして、新しく力を上げてきた日本、イタリアと連携する。この連携は地政学的には自然と言えば自然であるが、ここから先が悲劇であった。ヒトラーが異常な独裁者だったからである。

ヒトラーの動き方はすさまじく速く、オーストリアを併合し、チェコのズデーデン地方を割譲させ、ロカルノ条約を破棄してラインラントに進駐した。華々しいヒトラーの動きに幻惑されて、日本はヒトラーの一方的な動きに振り回されていく。

日本の対独連携の第一歩は、一九三六年の日独防共協定である。コミンテルンを通じて各国で共産革命を目指すソ連に対抗するために結ばれたものである。翌年には日独伊三国防共協定となる。満洲を北方から圧するソ連を抑え、満洲国の権益を確保するために、ソ連の背後にいるドイツと提携するのは権力政治の常道である。当時は未だヒトラーの狂気は知られておらず、陸軍はドイツの復興を歓迎したはずである。あまりのナチスの快進撃に、日本ではナチス・ドイツに遅れるなという意味で、「バスに乗り遅れるな」とさえ言われた。

しかし、この後、異常な指導者であったヒトラーに引き回されて、目まぐるしく動く国際情勢の中で、日本は無様に右往左往することになる。

独ソ不可侵条約でハシゴを外された日本

日本はドイツとの連携でソ連を抑えているつもりでいたが、そのヒトラーが一九三九年八月、突然、独ソ不可侵条約を締結してしまう。日中戦争の泥沼にはまったまま、ノモンハンでソ連と戦闘中であった日本にとって、腰が抜けるほど驚かされる事態だった。日本はソ連が怖くてドイツと連携したのに、独ソが不可侵条約を結んでしまえば、ソ連は東の満洲を向いてしまうかもしれない。思い悩んだ平沼騏一郎総理は、「欧州情勢は複雑怪奇」の言葉を残してあっさり辞任してしまった。

しかし、欧州の中の力関係を冷静に考えれば、独ソ不可侵条約はあり得ないことではなかった。この独ソ不可侵条約にはモロトフ・ソ連外相とリッベントロップ独外相が結んだ勢力圏分割の密約が付属されており、ヒトラーとスターリンはあっと言う間に東欧を分割してしまう。それこそが独ソ両国の狙いであった。ドイツから見れば、英仏が目を光らせる西方よりも、第一次大戦後、力の真空から生まれた東欧の小国の方が遥かに侵略しやすかった。その真空とは、ホーエンツォレルン家とロマノフ家の崩壊によってもたらされたものであり、ドイツの復興とソ連の台頭は真空地帯の持続を難しくしていた。中東欧諸国の多くはスラブ系民族の国であった。スターリンは、ヒトラーとの勢力圏分割でスラブ系の多い地域を押さえて、同時にドイツと直面するソ連西部国境がある程度落ち着くのなら、是非そうしたいと考えたであろう。十九世紀的な権力政治の発想である。

三九年九月一日、ドイツはポーランドに侵攻し、ソ連との約束通り、その西半分を奪った。ポーランド分割後のドイツの西進を危惧したイギリスとフランスは、機先を制してドイツに宣戦する。第二次世界大戦の火ぶたが切って落とされた。ソ連はドイツが西を向いて英仏と死闘を繰り広げている間、その背後でモロトフ・リッベントロップの密約に基づき、中小国が群れる東欧をちゃっかりと平らげた。ソ連は、ナチスとのポーランド分割後、フィンランドに侵攻し（三九年十一月）、国際連盟から除名されている（同年十二月）。その後も平然とバルト三国を併吞し（翌年七月）、モルダヴィアを割き取った（同年八月）。

太平洋戦争の二年前、すでにこうして欧州での世界戦争は始まっていたのである。ユーラシア大陸の反対側の大戦争であるから、外交の常道に従えば、ここで一旦身を引いて戦況を見守り、ドイツの勝利を見極め、局外にあるソ連と米国の動向に神経をとがらせるのが賢明な外交である。この時は未だ、独ソ両国は中東欧を共同で分割したばかりであり、独ソ国境は落ち着いており、米国は孤立主義を貫いて中立を守っていた。日本陸軍が、西を向いたドイツが快進撃したまま欧州を制覇するのではないかと観測したのも分からなくはない。

ドイツ軍の侵攻はまさに電光石火で、まずはオランダが潰れ（四〇年五月）ベルギーが潰れ（同年同月）、あっという間にパリが陥落する（同年六月）。二〇一八年、『Darkest Hour（邦題は『ウィンストン・チャーチル　ヒトラーから世界を救った男』）という ダンケルク撤退時のチャーチル首相を描いた映画が公開された。一九四〇年五月、フランス崩壊直前に起きた英軍の大陸からの大脱出劇である。この時チャーチルは、カレーのイギリス軍を囮にして全滅させ、イギリス中の船と言う船を総動員して、ダンケルクに追い詰められた三十四万人の将兵を脱出させることに成功した。有名な「ダイナモ作戦」である。

もし「ダイナモ作戦」がうまく行かずにダンケルクの英兵たちが全員死んでいれば、イギリスもヒトラーに屈伏していたはずである。この時のチャーチルの苦悩は、「この戦争で負ければ英国は蹂躙され、間違いなく自分もヒトラーに殺される」という切羽詰まったものだったに違いない。

英国は欧州大陸をヒトラーに席巻された後、孤独な戦いを余儀なくされる。

北部仏印進駐から三国同盟へ

ヨーロッパの混乱を見ていた日本人が、このときに何を考えたか。

総毛立ったチャーチルの恐怖心は、日本には伝わらなかった。世界大戦の大局を見た戦略的発想はなかった。むしろ火事場泥棒的な小才が働いた。「フランスとオランダが潰れたのならば、彼らの植民地であるインドネシアとベトナムはタダでいただきではないか」と思ったのである。国際政治の枠組みが世界的規模で変わろうとしている時に、まるで「棚ぼた」か「火事場泥棒」の発想である。

資源に乏しく、総力戦準備の遅れに焦っていた日本は、南方の資源を労せずして手に入れようと考えた。しかも仏印（ベトナム）は援蔣ルート（蔣介石を援助するルート）の一部であった。ベトナムを押さえられれば、泥沼の日中戦争も楽になる。そう考えたのである。こうして戦術的な南進論が出て来る。

日本は四〇年九月、北部仏印（ベトナム）に進駐する。スターリンはヒトラーの背中に隠れて大国がいない東欧を併呑したが、日本が入って行ったのは、アジアにおける欧米植民地帝国の本丸であった。アジアの植民地帝国であった英米蘭仏の敵意は一気に日本に向く。

北部仏印進駐から四日後、日独伊の三国は松岡洋右外相の指導の下、三国同盟に調印する。独ソ不可侵条約が締結されているのであるから、三国同盟はもはやソ連を対象とした防共協定ではあり得ず、暗に米国を対象とするものであることは自明であった。松岡としては、仏印北部に日本軍が出ていった以上、太平洋で唯一日本を牽制し得る余力のある米国を、逆に牽制しておくことが利益だと考えたのであろう。

しかし、日本の動きは、ドイツと戦っている英仏蘭の連合国からは当然、敵対的と取られる。また対中関係を巡って、理念的、経済的に日本と対立していた米国は、日本が向けてきた敵意に態度を硬化させ始める。陛下と海軍は対米戦争を念頭に置いた三国同盟には反対だったが、松岡外相の主導で三国同盟は強引に調印された。

更に松岡外相は一九四一年四月、「ドイツが共産主義のソ連と仲よくするのだったら、我々もソ連と仲よくしたらいいではないか。それは英米に対する牽制になる」と考え、日ソ中立条約締結へと進む。松岡外相は、国際社会の現状に不満のある日独伊ソの四ヶ国でブロック化して虚勢を張り、アジアに植民地を持つイギリスやアメリカに対抗することを考えたのである。

しかし松岡構想は、ヒトラーとスターリンに暫時利用されただけの、張子の虎のような空虚な構想であった。

松岡外相、ヒトラーに振り回される

ヒトラーは、一九四〇年七月からほぼ一年続いた「バトル・オブ・ブリテン」と呼ばれる対英航空戦で行き詰まってしまう。業を煮やしたヒトラーは、四一年六月になると突然、不可侵条約を無視してソ連に刃を向けた。バルバロッサ作戦である。

元々ヒトラーは、欧州の大国である英仏を西方で下したら、東方のスラブ圏を生存権として奪取、隷属させるつもりだったのであり、中東欧をスターリンと分け合う気など初めからなかったのであろう。モロトフ・リッベントロップ協定は詐欺だったことになる。スターリンはこの瞬間、絶望したと言われている。

ただし、このヒトラーのソ連侵攻によって、ソ連はヒトラーと東欧分割を密約し、更に、フィンランド侵略により国際連盟を除名されたという汚名を雪ぐことが出来た。また、ソ連は戦後、戦勝連合国の一角を占め、国連安保理の常任理事国席を約束された。歴史の皮肉である。

ヒトラーは、松岡の締結した日ソ中立条約から僅か二ヶ月でソ連に切りかかったことになる。ドイツ軍全軍を掌握し、力の信奉者であったヒトラーは、極東の一外相に過ぎない松岡の面子など微塵も考えていなかったであろう。その点ではスターリンも同じだ。もともと現実的な利益の調整も共有もない松岡の構想は、軍事的な現実の前に一瞬にして吹き飛んでしまった。

裏切られた松岡外相は、節操なく北進論（ドイツと連携したソ連侵攻）を進言するが、優柔不断の近衛首相も流石に内閣総辞職、新内閣組閣をもって松岡外相を放逐し、外務省では主流の英米派が力を盛り返すことになった。

この頃の日本は、いいようにヒトラーに振り回されている。ノモンハン事件の最中の独ソ不可侵条約、日ソ中立条約締結直後の独ソ戦開戦と、何度裏切られてもヒトラーについて行く日本の姿は、痛ましいというより惨めである。ドイツとの同盟は、何らの軍事的協力も戦略的提携もない空証文でしかなかった。日独連携を切り捨てれば日本には、スペインやトルコのような中立や、中立を対価として対米交渉で妥協を探るなど、多くの外交的選択肢があったはずである。

しかし最後まで、多くの陸軍人がソ連に対する抑えとしてドイツに期待した。陸軍は甘い見通しでヒトラーを信じ、愚直に日独連携の信義に固執した。ドイツがソ連と戦端を開き、東西両国境の二正面で戦うようになれば、戦局がドイツに不利になり得ることは子供でも分かる話である。中立の米国は徐々に英国に肩入れしていた。ドイツの体力がどこまで続くか。外交的、戦略的には、それを見極めるのが先決であったはずであるが、当時の陸軍にはその程度の常識すらなかった。尽くす価値のない相手に愚かなまでに忠義を尽くす、柔軟性のない戦時外交は命とりである。

日本陸軍の一部には、独ソ開戦を見て「宿敵ソ連を叩く絶好の機会である。ドイツと一緒に背後から一気にソ連を突くべきである」「ドイツがソ連を破って破竹の勢いでアジアに出てくる前にソ連を一緒に叩くのだ」などという勇ましい意見もあるにはあった。少なくとも陸軍の参謀本部の一部はそう考えた。これは松岡外相と同じ北進論である。陸軍は、関東軍の特種演習（「関特演」）を実施し、大動員の練習までしている。しかし、スターリンが極端な独裁を敷き、計画経済の名の下に強大な赤軍と戦時経済を立ち上げていたソ連を相手にするには未だ躊躇があった。「ソ連は仏印、蘭印のように簡単にはいかない」という意見が優勢になる。この頃ソ連は、スパイ・ゾルゲの報告で日本が北進しないことを知っていた。

フランスとオランダはナチスの侵攻によって事実上政府がなくなっているわけである

から、軍部の結論はやはり「南へ行ったほうが楽勝だ」となる。これが南進論が容易に通った理由である。南部仏印進駐には、北部仏印進駐の時の様な北進論、南進論の対立や激論はなかった。何の議論もないまま、北部仏印進駐からの流れで惰性のようにして決まった。しかし、この南部仏印進駐が、大日本帝国崩壊の直接の引き金となった。

一九四一年七月、第二次大戦開戦から二年、独ソ戦開戦から一ヶ月、そして太平洋戦争開始の半年前、日本は南部仏印に進んだ。ソ連はヒトラーに押し込まれ、イギリスも瀕死に近い状況であるから、チャーチルは「今度はドイツの同盟国である日本にインドとマレーを獲られるのか」と嘆くことになる。オランダ亡命政府も「インドネシアをむざむざ獲られるのか」と悔しがったであろう。両政府とも密かに日米開戦を望んだはずである。もとよりアメリカも、中立とはいえ日本の南進を歓迎しない。ルーズベルト大統領は、中立法や孤立主義に悩みながら、どうやって欧州正面のヒトラーのドイツと対峙しようかと悩んでいる時であったから、アジア正面でヒトラーと同盟している日本には軽々に動いてほしくなかった筈である。

恐るべき国際感覚の欠如

日本がインドまで進出すれば、それこそ瀕死の英国にとっては致命傷になりかねない。そこで出てきたのが連合国による対日経済制裁である。特に、開戦直前の一九四一年八月に行われた対日石油全面禁輸は、日本にとって致命的であった。日本は米国からほとんどの石油を買っていたので、米国は、「もう油を売らなくなるぞ」と脅かせば、日本は南進を諦めるだろうと考えたのである。合理的には、それが最も説得力のある制裁措置である。

欧州でのヒトラーの猛攻を見ながら、国民に浸透した孤立主義、平和主義に悩まされていた米国政府は、最初から日本との戦争を望んでいたわけではない。実際、米国には戦時動員もかかっていなかった。だから経済制裁で日本を屈服させようと思ったのである。

南部仏印進駐が、米国をはじめとする連合国の逆鱗に触れると考えた人は当時、日本の軍部にはほとんどいなかった。瀬島龍三氏も戦後、そのように記している。だから日本は、突然の対日制裁（日本では「ＡＢＣＤ包囲網」と呼ばれた）の出現に驚き、「自業自得」の包囲網に対して「自存自衛」を声高に唱え始めたのである。

この国際感覚の欠如、戦略観のなさは、驚くべきことである。孫子は、諸侯の考えを知らずして交わることはできないと述べる。敵の考えを推し量りもせずに、自分の軍事的都合だけで考えれば、負ける戦争に突き進むことになるのも無理はない。

ここから日本の悲劇が始まる。主流の英米派が力を盛り返した外務省は「米国と交渉し続けたい」と懸命に言い続けるが、南部仏印進駐に怒ったアメリカ側は、一九四一年十一月に国務長官のコーデル・ハルが「ハル四原則」を手渡してくる。その第一項には、あらゆる国家の領土保全と主権尊重、内政不干渉、通商上の機会均等、紛争防止・調停のための国際協力という四つの原則が記されていた。今から振り返れば、これは国連憲章の諸原則と同じようなことしか言っていない。

しかし、具体的要求を記した第二項に、中国や仏印からの撤兵が記されていたことが日本側を刺激した。もとより「仏印からは撤兵してもいい」と言う人は日本にもいた。ところが、例によって中国撤退を巡って陸海軍がまとまらない。陸軍は「南(海南島)は捨てろ」と主張する。陸軍は華北しか制圧していなかったので、華南や華中は放棄してもよかったのである。また、華北には共産党軍が出てきているだけであったから、陸軍としては、華北にとどまるのであれば、軽い兵力で済む治安戦以上のことはやらなくてもいいという考えもあった。

新書がもっと面白くなる

2020

5月の新刊

新潮新書

毎月20日頃発売

Ⓢ新潮社

〒162-8711 東京都新宿区矢来町71 TEL.03-3266-5111　https://www.shinchosha.co.jp

好評既刊

円 610863-1

増殖するバカを笑ってばかりもいられない。いまや彼らが国を侵食しつつあるのだ。ベストセラー作家が放つ「怒りの鉄拳」123連発に、コロナ禍を受けた書き下ろしを緊急収録。

私の考え
三浦瑠麗
●780円 610856-3
政治について、自身について、誠実に向き合った思索の軌跡。

昭和史の本質 良心と偽善のあいだ
保阪正康
●760円 610857-0
過去から未来へと連鎖する歴史の本質を探りだす。

人間の品性
下重暁子
●700円 610858-7
こんな時代だからこそ――。大人のための洗練の作法。

「関ヶ原」の決算書
山本博文
●800円 610859-4
史実をお金で深掘りすると、見えてくる意外な姿。

習近平vs.中国人
宮崎紀秀
●800円 610852-5
在北京のジャーナリストが描く中国社会「むき出しの現実」。

倉本聰の言葉 ドラマの中の名言
碓井広義 編
●720円 610853-2
巨匠の全作品から精選した四〇〇余点の名ゼリフ。

トラックドライバーにも言わせて
橋本愛喜
●760円 610854-9
幅寄せ、路駐、急ブレーキ……どれも理由があるんです。

日中戦後外交秘史 1954年の奇跡
加藤 徹
林 振江
●780円 610855-6
残留邦人を救ったのは、一人の中国人女性だった――。

ひとの住処 1964-2020
隈 研吾
●740円 610848-8
ふたつのオリンピックをつなぐ、半自伝的文明論、登場！

心臓によい運動、悪い運動
古川哲史
●760円 610849-5
医者が教える、突然死しないための健康の新常識60！

210日ぶりに帰ってきた奇跡のネコ ペット探偵の奮闘記
藤原博史
●720円 610850-1
ペットと家族をめぐる感動のドラマ。実話7つを収録。

カズのまま死にたい
三浦知良
●840円 610851-8
今日をせいいっぱい生きる「キング・カズ」の言葉の数々。

「人生百年」という不幸
里見清一
●780円 610844-0
「ピンピンコロリ」は理想なんかじゃない。

興行師列伝 愛と裏切りの近代芸能史
笹山敬輔
●820円 610845-7
ヤクザ、札束攻撃、二枚舌……ルール無用の攻防戦！

「反権力」は正義ですか ラジオニュースの現場から
飯田浩司
●760円 610846-4
人気ラジオパーソナリティによる刺激的ニュース論。

マトリ 厚労省麻薬取締官
瀬戸晴海
●820円 610847-1
元麻薬取締部部長が明かす本邦初、激動の捜査秘録。

●この価格には消費税が含まれておりません。　●ISBNの出版社コードは978-4-10です。

海軍は当然、これに反発する。海軍は、海南島などの南の中国領土を制圧していた。台湾、海南島を押さえ、南沙諸島（新南群島）を押さえ、東シナ海から南シナ海の制海権を確保していたのである。結局、シビリアン・コントロールが自壊し、陸海軍がまとまらない日本政府らしく、陸海軍の言い分を足してホッチキスしたら「中国全土から引かない」という答えが出てしまった。一ミリも譲歩のない交渉はない。「絶対に譲歩しない」と言ってしまえば、対米交渉妥結の余地はなくなる。

米国外交は、革命外交の伝統からか、まず相手方に戦略的方向性の転換を求めることが多い。相手方に、ばっさりと立場を変えさせ、米国の理想に共鳴することを求めるのである。その後、相手の取り分も公平に考えた取引（ディール）になる。しかし当時の日本には、戦略的方向性を転換できるような政府の仕組みがなかった。陸海軍が統帥権独立を隠れ蓑にして陛下を軽んじ、外交や政治の判断を排除して、それぞれが勝手に動いていた。軍の中堅官僚による玉虫色の作文が、次々と国家の命運を決する基本政策になっていった。亡国の症状はすでに明瞭であった。

米国人は驚くであろうが、ハル・ノートは日本軍部の主戦論者には、むしろ天佑であった。米国人が期待した「押しても駄目なら引いてみる」「一旦妥協して時を待つ」というような合理的な思考は、虚栄の武士道にしがみつく日本軍部には微塵もなかった。ああでもない、こうでもないと理屈を並べて戦術的譲歩で時間を稼ぎ、状況の変化を見定めるのは外交の常道であり、超大国の米国を相手に今日の北朝鮮やイランでさえやっているが、マッチョな軍人が暴走した大日本帝国には、それができなかったのである。

もはや消えていた「臥薪嘗胆」の選択肢

十九世紀末の日清戦争の後、貪欲な帝国主義国家であった露独仏の三国干渉を前に、陸奥宗光が取った遼東半島返還と臥薪嘗胆の方針は立派な外交戦略であった。しかし、力に驕った三〇年代以降の日本から、再び陸奥のような外交官が輩出することはなかったし、仮に陸奥が生まれ変わってきたとしても、軍部が専横を極めた昭和前期の日本では力を発揮できなかったであろう。韜光養晦を唱えて文化大革命で疲弊した中国に雌伏の時を稼いだ鄧小平が、戦前の日本軍部をみれば腹を抱えて笑ったに違いない。

対米交渉が行き詰まると、軍の教科書どおりの型にはまった発想が出てきた。海軍は「油を止められたら戦争ができない」から「早くやらなければならない」となり、陸軍は「動員をかけると半年はかかるから早く決めてくれ。冬になったら戦えない」となる。

外交の大局を忘れた事務的発想である。軍が「早くやるしかない」と腹をくってしまえば、後はどこで外交交渉を打ち切るかの問題に過ぎない。

当時でも「やったら負ける」「アメリカに勝てるはずがない」「ハワイまではやれるかもしれないが、米本土自体を叩くことはできない」というまともな意見は沢山あった。「負けるに決まっている」と言った人も沢山いた。何より、この段階で米国には、未だ対日戦争の準備も覚悟もなかった。経済制裁で日本にいうことを聞かせようとしていただけである。

にもかかわらず帝国政府の上層部は、軍部の中堅管理部門である課長クラスから出される「もう油がありません」「時間がありません」「動員に時間がかかります」といった要求を覆すことができないほどに劣化していた。恐ろしい話だが、何らの責任も負わぬくせに自らが国家の命運を握っていると思い上がった軍の下僚たちを、政府と軍の重臣たちは誰も止められなかったのである。そして突っ込んでいったのが、一九四一年十二月の真珠湾攻撃である。こうして太平洋戦争が始まった。

この瞬間、日本と戦っていた蔣介石は、ヒトラーの攻撃を受けたスターリンと同じく、主要戦勝国となることが約束され、国連安保理常任理事国への切符を手に入れた。真珠湾攻撃がなく、日本が欧州での第二次世界大戦に中立を保っていれば、日中戦争は「巨大なベトナム戦争」で終わっていたであろう。日本軍、蔣介石軍の消耗戦が延々と続いていれば毛沢東の出番はなく、共産中国が誕生することもなかっただろう。

開戦阻止の御優諚と東条首相の苦悩

一九四一年九月六日、近衛内閣の下で対米開戦方針が決定される。昭和天皇は、同日の御前会議で、「よもの海　みなはらからと思ふ世に　など波風のたちさわぐらむ」と、日露戦争当時の明治天皇の御製を詠唱された。陛下は、自らの意思に反して歴史の暗流に押し流されていく政府や軍部を見て、不安と憤懣の入り混じった気持ちでおられたのではないだろうか。

同年十月十八日に東条内閣が発足する。陸軍を押さえて対米戦争を回避したいという宮中の意向が、陸軍出身の東条への大命降下の理由だと言われている。実際、昭和天皇の東条総理に対する御優諚《ゆうじょう》は、近衛総理の下で同年九月の御前会議において了承された対米英蘭戦争準備の方針（「帝国国策遂行要領」）を、「白紙に戻して考えなさい」というものであった。米国等と戦争することは考えなおすべきであるというのが陛下のご命令であった。

ところが真の独裁者とは程遠い総理大臣だった東条には、それが実現できなかった。本書の「はじめに」でも記したように、東条は国務と統帥の断絶が諸悪の根源だとわかっていて、亡国の運命を止められなかったのである。東条は、総理の外に陸軍大臣、陸軍参謀総長を兼務してまで軍部を押さえようとするが、かなわなかった。最早、帝国陸海軍は操縦不能に陥り、空中分解寸前になっていたのである。

宮中には、天皇直属の官僚機構と言えるような権力中枢は存在しない。陛下は統帥権を総攬する立場にあると言いながら、陛下には自分に忠誠を誓う宮廷幕僚も、陛下直属の宮廷生え抜き官僚も存在しなかった。絶対天皇制などと言われた宮中の実態は、平安時代と同様であった。陛下を祭り上げていたのである。

憲法上、国務に関わる意思決定は、あくまでも内閣の責任であった。宮中には内大臣がいたが、内大臣は政策担当の侍従長のようなものである。陛下のご意向を隠微に伝えるのが仕事であるが、実権があるわけではない。当時は木戸幸一が内大臣であった。

結局、陛下の御優諚は無視されて、十一月五日の御前会議では、十二月初旬の武力発動が了承され（「帝国国策遂行要領」）、十二月一日の御前会議では、対英米蘭開戦が決まっていく。京都の雅な生活を捨てて、天皇家が東京に遷都されて一世紀にも満たないうちに、皇統の存続をかけた戦争に追い込まれた陛下の胸中は、如何ばかりだっただろうか。

戦術的に大成功、戦略的に大失敗した真珠湾攻撃

日中戦争では一九三七年から四一年までのあいだに二十万人弱の日本の兵隊が亡くなっていた。それから太平洋戦争終了まで、中国大陸ではさらに二十万人強の日本軍将兵が落命する。ただし中国大陸では、近代的な日本陸軍は強過ぎて、押しては引くを繰り返す中国軍を前に勝つことも負けることもできなかった。

一方の海軍は、米国との戦争など望んではいなかったが、もしやるとするなら潜水艦によって米海軍艦隊の数を漸次減らしていってから、日本近海で艦隊決戦をすることを考えていた。潜水艦の優位を最大限利用することを考えていたのであるが、これは海軍の伝統的考え方であった。戦艦等水上艦の数で劣勢になり得る帝国海軍としては、極めて常識的な判断である。私の友人である米海軍の軍人は、「帝国海軍が空母機動部隊で正面からぶつかって来ずに、海の忍者と言われる潜水艦に全力を振り向けていたら、米

海軍は負けていたかもしれない」と言っていた。

しかし、海軍には山本五十六連合艦隊司令長官という天才がいた。彼の天才は、日本国にとってはむしろ不運であった。山本は、持久戦になったら負けるのだから、一番初めに勝機を求めなければ駄目だと考えたのである。開戦当初、戦時動員のかかっていない米国の太平洋正面での海軍力は、日本の帝国海軍と拮抗していた。山本は海軍軍令部の反対をただ一人で押し切って、空母機動部隊を世界で初めて戦略運用し、乾坤一擲の真珠湾攻撃に出る。山本は武人らしく、潜水艦による消耗戦では無く、空母による正面決戦を挑んだのである。

山本の真珠湾攻撃は、世界海軍の巨艦中心主義を一瞬で時代遅れにした。海上の制空権（航空優勢）こそ、海戦の絶対必要条件であることに、皆が気づいたのである。皮肉なことに、日本の帝国海軍は、その後も「大和」や「武蔵」と言った巨艦主義にしがみつく。終戦間際、戦艦大和を葬ったのは、群れを成して襲いかかった米海軍の爆撃機であった。

真珠湾攻撃は、戦術的には大きな戦果を上げた。米軍が設置した最新鋭のレーダーは、日本の爆撃機をとらえていたが、米軍は、これを友軍機と誤認した。奇襲は完全な成功であった。「トラ、トラ、トラ」(我、奇襲ニ成功セリ)である。僅か二時間で、たまたま真珠湾を離れていた空母を除き、米太平洋艦隊は壊滅した。戦艦オクラホマ、アリゾナなどの巨艦が、次々と狭く浅い真珠湾の奥で轟沈した。

しかし、真珠湾攻撃は、戦略的には大失敗であった。米国人の多くは当時、「ヨーロッパ人の汚い戦争には入りたくない」という気持ちが強く、中立法の下で参戦をためらっていたからである。それなのに、二千数百名の米将兵がある日突然、平和な南国のハワイで奇襲攻撃によって虐殺されたのである。千名以上の乗員を乗せたまま浅瀬で大爆発を起こして沈んだ戦艦アリゾナの砲台跡は、今も海上に突き出ている。アリゾナ号を跨《また》ぐようにして建てられた白亜のアリゾナ記念館の慰霊碑には、真珠湾攻撃で死んだ米兵の名前が全て刻んである。アリゾナ記念館は、今も米軍人の聖地である。十二月七日(日本時間の八日)は「屈辱の日」と呼ばれる。若い米軍人にとって、戦艦アリゾナは国難を思い出し、厳かに祖国防衛を誓う場所なのである。

アメリカ人はさぞ驚き、怒ったことであろう。ハル・ノートは対日最後通牒ではなかった。もともと米国の対中利益は経済的なものであり、また、極東における国際協調主義の維持と言っても、それは理念でしかなかった。米国民は依然として孤立主義と平和主義の殻に籠っていた。実を言えば、日米間で総力戦を戦うほどの死活的利害の不一致は、何一つなかったのである。

米国は、子供を躾けるように日本に石油禁輸で経済圧力をかけた。ところが突然の真珠湾攻撃である。まるで「ご飯を上げませんよ」と叱った子供に突然、脇腹を刺されたようなものである。米国人は日ごろは人が良いが、エスカレートするときは速い。ジョージ・ケナンは、「民主主義国は怒りに任せて戦う（Democracy fights in anger）」と名言を残した。

真珠湾攻撃の後、怒った米国は、日本の十倍以上ある工業力をフル回転させて、軍事力増強に取り組んだ。本気になったのである。総力戦になれば日本に勝ち目はない。米国との開戦以降の日本軍死者は、日中戦争から終戦までの中国本土での日本軍死者四十六万人を除いても、約百六十万人に上った。米軍の太平洋正面の死者は数万にとどまる。総動員をかけた後の米国の国力は、日本をはるかに圧倒していたのである。子供と大人の喧嘩であった。

強力な日本軍に苦しんでいた蔣介石は、日ソ開戦を長く切望していたが、思いもかけず日米が開戦したのだから欣喜雀躍したはずである。バトル・オブ・ブリテンでヒトラーの空襲に耐えていたチャーチルも、レニングラード包囲戦でぎりぎりヒトラーを押し止めていたスターリンも、涙が出るほど喜んだに違いない。

米海軍人は今も、真珠湾攻撃を計画した山本五十六は、戦術的には天才的作戦計画立案者として世界史に名が残るという。しかし、彼らは同時に、真珠湾攻撃により中立だった米国を連合国側に参戦させ、枢軸国側を一気に劣勢にしたのは、通常の合理的思考を大きく逸脱しており、戦略的には大失敗であったと述べる。山本五十六の評価は、そのように定まっていくのであろう。戦闘で勝って戦争で負ける。それが外交の定石を無視した奇襲作戦の末路であった。

対米戦争に当初反対だった山本は、おそらく全てをわかっていた。しかし、開戦を決意した東条と同様、山本も巨大な昭和の暗流の中で押し流されていたのである。自らの意に反して対米戦争という最悪のシナリオが実現する中で、連合艦隊司令長官としての自らの狭い職分に徹して、最高のパフォーマンスを見せようとした。そして、国家と国民にとって最悪の結末を導いた。東条も山本も赤誠の人ではあったろうが、乱世の外政家、世界戦争の大将軍としては失格であった。

何故、誰も戦争を止められなかったのか

この頃の日本は、魔に魅入られたように滅亡に向かって突き進んでいく。当時、近衛政権や東条政権の中枢にいた人の中に、政治家であれ外交官であれ官僚であれ軍人であれ、誰一人「職を辞してでも戦争を止めてやる」と言った人はいない。一廉《ひとかど》の閣僚ならば、辞職を胸に頑張れば内閣を引きずり倒すこともできたであろう。事実、重臣達の意を受けた岸信介商工大臣は、そうやって東条内閣を倒した。

しかし開戦当時、誰もそうしなかった。粛々と七千万の日本国民を地獄の淵に引きずって行った。吉田茂は独り、傍らで軍人の横暴を罵っていたが、最後は憲兵隊に投獄された。こういう時は「バカなことはバカなことだ」と公に吐き捨てることのできる人材が本物の大人物なのである。狭い職責を果たして、大きな過ちを犯す官僚主義に毒された者に、廟堂で指揮を執る資格はない。

日本人の心をそこまで縛ったものは何だったのか。

陛下への忠誠とは言わせない。陛下は戦争に反対であった。

それは、アジア解放の理想だろうか。黄色人種として、武力をもって戦うしか白人のアジア支配は壊れないと思ったのだろうか。

そういう気持ちはあったかもしれない。若い日本人の多くが、粛々と運命を受け入れて死んでいったのは、死んでも報われる大義があると信じたかったからだろう。しかし軍の上層部には、アジア解放より総力戦遂行のための資源収奪という目的の方が重かった。軍の指導者はそこまでナイーブだったわけではない。

それとも、永田鉄山陸軍省軍務局長が斬殺されたような、過激な下僚のテロが怖かったのだろうか。東条や山本のように、常在戦場の覚悟をもつ赤誠の日本軍人に、それはないであろう。

結局、昭和の軍人の虚栄心、功名心が「負けるからやれない」と言わせなかっただけなのではないだろうか。獲得した巨額の予算を使わねばならないと言う小役人的発想もあったであろう。統帥権独立の中で、軍中堅幹部の狭隘な判断と虚栄心が、国家最高意思として固まり、何の準備も整わないまま、ドイツの勝利という希望的観測に基づいて、対米開戦から太平洋戦争へと日本を引きずって行ったのである。

負ける戦争は絶対にやってはいけない。何を犠牲にしてもやってはいけない。それは国家と国民に対する裏切りである。自分より絶対的に強い相手と死活的利害が衝突したら、何を譲ってでも一歩下がり、国家と国民の生存を確保するのが最善の外交である。

インドの古典『ニーティサーラ』にも、同様の章句がある。国家は国民のためにあるのであるから、それ以外の判断はありえない。

残念ながら昭和の日本には、明治の陸奥宗光のような人物はいなかった。太平洋戦争当時、陸軍省軍事課長であった西浦進は戦後、「(闘争モードに入った軍人には)時がたてば事態は好転するから、しばらく様子を見ようなどという発想自体がないのです」と話している。

最後までバラバラだった帝国陸海軍

真珠湾攻撃の後、日本軍は、恐ろしい勢いで地理的に広がっていった。海軍はアリューシャン列島から、キリバスのタラワにまで到達した。良い性能のレーダーのなかった日本海軍は、敵艦隊との決戦を求め、敵の海軍根拠地覆滅を目指して、太平洋を東へ東へと進んだのである。陸軍はフィリピン、マレー、シンガポールを落とし、インドネシアに入る。膨張するまではよいのだが、帝国陸海軍がどうしてこのような広大な地域を守り抜けると考えたのか理解に苦しむ。「ドイツが直ぐに英国を下してくれるはずだ」「米国は一撃食らわせれば戦意を失う」などと考えたのかも知れないが、希望的観測に基いた軽挙妄動の誹りを免れない。占領行政、兵站、補給、拠点確保、シーレーン確保、戦時広報（プロパガンダ）、戦争終結等のためのシナリオ等を、ほとんど欠いたままの膨張であった。国力を越えた膨張はその後、米国の反撃にあって爆縮を起こすことになる。まるで風船に針をさしこまれたようなものであった。

アメリカが反撃を始めると、日本海軍はどんどん殲滅されていく。南半球の珊瑚海海戦までは互角であったが、ミッドウェー海戦を契機として艦隊決戦も負けが込み始め、次第に日本側の艦船がなくなっていく。海軍は、それでも広大な太平洋に展開した海軍基地の防衛のために陸軍に応援を頼んだ。もとから陸海軍の連携などなかったし、制海権は米軍に移りつつあるから、陸軍の応援を出すのも容易なことではなかった。

海軍は前に飛び出しすぎだと懸念していた陸軍は、当然「海路は大丈夫か」と聞くが、海軍は「大丈夫です」と応える。嘘八百であった。陸軍の応援部隊の多くは米海軍に沈められた。たとえ南洋の戦地にたどり着いても補給を断たれているから、餓死するか病死することになる。ソロモンのガダルカナル島は「餓島」と呼ばれた。

日本陸軍では、南洋やフィリピンで亡くなった軍人の数のほうが、中国本土で亡くなった数よりもはるかに多い。フィリピンは最も悲惨な戦場の一つである。レイテ沖海戦の敗退で日本海軍は事実上戦闘継続能力の殆どを失うが、海軍の敗北は極秘扱いされ、陸軍には知らされていなかった。

フィリピンの現地陸軍がのほほんとしていたところに、いきなり米軍が上陸してきた。マニラでの市街戦は、マニラの都市住民を全面的に巻き込んだ阿鼻叫喚の地獄絵図となった。日本軍、米軍の双方が、無辜のフィリピン人の存在を無視して、雨霰と撃ちまくった。フィリピンでの日本軍の死者は五十万人である。これは一九三七年から一九四五年に及んだ日中戦争の死者総数四十六万人を上回る。

重光葵外相と大東亜会議

敗戦の色が濃くなり始めた一九四三年、重光葵外相の主導で大東亜会議が開催される。重光は革新官僚ではなく、英国通の外務省主流派である。重光は、四一年の夏に出された大西洋憲章を意識して、太平洋戦争における日本の大義を訴えようと、アジア解放の看板を掲げることを考えた。

第一次世界大戦、第二次世界大戦は共に、産業革命に先行した一部工業国家間の権力闘争と言う色彩が濃い。戦勝国は敗戦国の領土を切り裂き、その植民地を取り上げて分割した。国際連盟の委任統治は、オスマン帝国敗退後の中東地域分割に見られるように、戦利品としての敗戦国の領土分割に格好の体裁を与えてくれた。第一次大戦後のイギリス、フランスがそうであり、第二次大戦後、戦利品として千島列島を奪取しようと、ヤルタ会談でルーズベルト大統領から約束を取り付けたソ連もまたそうである。

新興の米国だけが、国内の孤立主義、理想主義に配慮して、貪欲な欧州権力政治とは一線を画す必要があった。そこから生れたのがルーズベルト大統領の大西洋憲章であった。第二次世界大戦の開戦から二年、独ソ開戦から二ヶ月、日米開戦の四ヶ月前に書かれた大西洋憲章には、チャーチルのイギリスも参加し、後にスターリンのソ連も参加した。大西洋憲章には、住民の同意のない領土変更は認めないと記してある。しかし、チャーチルやスターリンにしてみれば、憲章の理念に関する作文などどうでもよいから、一刻も早く米軍を欧州大陸に派遣してナチス・ドイツを砕いてほしいというのが本音だったであろう。

外務省英米派の重鎮であり欧米の外交界で尊敬されてきた重光にしてみれば、広大なスラブ圏を力で隷属化して生存権を拡大しようとしたドイツや、地中海帝国の夢を膨らませて北アフリカに進出したイタリアと、日本が同一視されることは我慢できなかったのではないか。彼らは単に遅れてきた帝国主義国家である。確かに日本も、対華二十一ヶ条要求以降の対中政策は、欧州帝国主義国家の尻馬に乗ったところがある。しかし重光は、太平洋戦争で日本がアジアの欧米植民地に攻め込んだのは資源奪取のためだけではない、アジア諸民族の解放という理想もあったのだということを、歴史にとどめようとしたのであろう。

軍部との連携がもう少しとれて、もっと早くこの考え方を打ち出し、日本の国家戦略の基軸としていれば、アジアの民族自決のうねりと共鳴し、違う歴史があったかもしれない。しかし、残念ながら大東亜会議は日本が戦争に負け始めた後の開催であり、時宜を逸していた。敗戦の後、大東亜会議は結局、アジアの植民地帝国が多かった連合国主要国により「日本の戦争宣伝」と決めつけられ、歴史の下水溝に放り棄てられた。

鈴木貫太郎首相と阿南惟幾陸相

こうして日本海軍は壊滅したが、陸軍はまだ無傷で百万ぐらいの兵力が中国大陸に残っていた。海軍ははっきり負けが解っていても、陸軍は、「これからが本土決戦ではないか」と考える。陸軍の頑強な反対で終戦の決断ができないまま、一九四五年、東京大空襲で十万人の都民が落命し、沖縄戦で十万人の将兵と十万人の民間人が亡くなり、広島と長崎には原子爆弾を落とされて、それぞれ十四万人と九万人が命を落とした。最後には満洲にソ連軍が侵攻してきた。戦後、満洲から六十万人の日本人が捕虜としてシベリアに連れていかれ、極寒の地で五万人乃至六万人が亡くなることになった。

大日本帝国にとどめを刺したソ連の対日宣戦布告は、広島への原爆投下の後であった。日本はソ連に和平の仲介を懇願していたが、ヤルタ協定でルーズベルト米大統領とチャーチル英首相から、戦利品として千島と樺太の割譲を約束されたスターリンは、戦局の帰趨を見極めて、ソ連軍の死者を最低限にするために対日開戦時期を計っていた。

ソ連の対日侵攻は、日ソ中立条約違反であった。そのことに憤慨する日本人は多い。しかしソ連にしてみれば、日本は不可侵条約を破ってソ連に侵攻し千万単位のソ連人死傷者を出したヒトラーの同盟国ではないか、と言いたいところであろう。戦時の中立条約など、戦国大名の証文と一緒で、戦局次第で反古になるということである。室町時代の戦国大名の間では、信義よりも生存が優先された。負ける方に加担する国はない。負ければ敗戦国の領土はただの戦利品になる。

それは、二十世紀の第二次世界大戦でも同じであった。連合国の戦争指導理念を記した大西洋憲章の領土不拡大原則をまじめに捉えていたのは、起草した米国ぐらいのものであろう。ソ連が大西洋憲章に署名したのは、ただ戦争に勝つためであった。

一九四五年八月、終戦を迎えるにあたって総理大臣の大役を引き受けたのは、海軍出身の鈴木貫太郎であった。最後まで「負けた」と言えなかった陸軍出身の東条英機、小磯国昭の後を襲った鈴木は、昭和天皇に諮りながら、不退転の決意で終戦を実現した。鈴木は当時、既に七十代後半であった。

鈴木は二・二六事件に際して、その体に四発の弾丸を受けている。血の海でうずくまる鈴木を、たか夫人が身を挺してかばい、止めをさそうとする将校を制止した。九死に一生を得た鈴木は、終戦後記した小冊子（『終戦の表情』）の中で、総理の椅子に座った日、窓の外の桜を見つつ「瓦となって残るより、珠として散る」といきがる日本人に憤り、国が滅んでどうするのだ、自分は一度死んだ身だから、陛下のために、国のために、終戦に命を懸けると決めた、と記している。

鈴木は一九二九年、海軍軍令部総長を退役した後、宮中に入り、侍従長として昭和天皇に仕えた。その時の侍従武官の一人が阿南惟幾だった。たか夫人もまた、昭和天皇の御養育係だった。結局、陛下の御宸襟《ごしんきん》を推しはかり、鈴木首相と阿南陸相がすべてを背負い込んで、命懸けで日本を終戦に引っ張っていく。

阿南は、強固に終戦に反対する陸軍の立場を代表し、官邸での最高戦争指導会議で孤立していたが、時折、迫水久常書記官長の部屋に来ては陸軍省に電話をして、「大丈夫だ、大丈夫だ」と言って陸軍の暴発を抑え、時間を稼いでいたそうである。阿南陸相は、きょとんとしている迫水書記官長に、「誰にも言うなよ」と言って笑っていたという。

既に阿南は、自死をもって陸軍を抑える覚悟をしていた。

海軍軍令部総長を経験した鈴木総理は、帝国海軍の負けぶりを見て、戦争を続けることは絶対にできないとわかっていた。鈴木総理の指導者としてのリーダーシップは、もっと評価されてもよい。私は、太平洋戦争時の名宰相、名将を挙げよと言われれば先ず鈴木貫太郎を、続いて阿南惟幾を挙げる。

鈴木貫太郎首相が、老いた自らの命を絞り尽くすようにして作成した終戦の詔勅には、「中国に降伏する」とは書かれていない。なぜなら中国大陸で余力を余していた陸軍がそれを呑まなかったからである。その陸軍を抑えたのが、陸軍大臣・阿南惟幾大将の割腹自殺だった。阿南陸軍大将が自決して、おさまらない陸軍を抑えたというのが終戦の真相である。鈴木貫太郎総理は、割腹の直前にシガーを譲るために執務室に顔を出した阿南陸相が退出した後、静かに閉まるドアに向かって、「阿南はお別れに来たんだよ」
と言ったという。

第五章　民族自決、人種差別撤廃、共産主義の終焉

戦後国際秩序の原初形態

第二次世界大戦後には何が起きたのだろうか。一九三〇年代に国際秩序再編を目論んだ新興国のドイツ、日本、イタリアが消えてなくなった。その代りに、同じ戦勝国とはいえ完全な呉越同舟だった共産主義圏と自由主義圏が袂を分かち、相互に核兵器を向け合う厳しい対峙の構図が生まれた。ルーズベルト大統領は、「この橋（第二次世界大戦）を渡り切るまでは悪魔（スターリン）とも手を握る」と述べていたと言う。冷戦は必然であった。また、自由主義圏も実態は二つにわかれていた。アメリカという革命的な新外交を主張する新興国と、英仏等の伝統的な植民地帝国である。

第二次世界大戦後、国連創設により世界平和が構想されるが、実際には戦勝国による地球的規模の勢力圏分割が再び始まる。権力闘争は人間の性である。欧州植民地帝国は

我先にアジアに戻り始めた。これに対抗して民族自決を求める動きは、時に激烈な植民地独立戦争に発展した。イギリスのインド独立への抵抗は、インド、パキスタンの分裂には成功したが、結局は非暴力を唱えたガンジーの活躍でインド独立に至る。イギリスは、マレーにも戻って暫時支配を再確立した。フランスはベトナムで独立戦争に入り、やがて米国が介入した。オランダもインドネシアで独立戦争に入った。仏米蘭はいずれも敗退している。

ソ連は、ナチス壊滅の際に攻め込んだ東欧と、帝政時代に征服したコーカサス、中央アジアや、十九世紀中葉に中国から愛琿条約、北京条約で奪った広大なシベリアを手中に残したまま、更にヤルタ協定で樺太と千島列島を日本から奪った。歯舞、色丹、国後、択捉もどさくさに紛れて奪取している。中国は、本来異民族の優勢な土地であったチベット、新疆（東トルキスタン）、満洲（中国東北部）、内モンゴルを手中に収め、朝鮮戦争の最中に北朝鮮を支援する形で朝鮮半島に雪崩れ込み、北朝鮮への影響力を手にした。その結果、朝鮮半島の分断が決定的になった。

朝鮮半島での米中の死闘のお陰で、蔣介石が逃げ込んだ台湾は中国と戦わずに済んだ。長い中国の歴史の中で、漢民族の側が辺境の少数異民族を制覇して回ったのは、毛沢東が初めてである。歴史上、中国は常に周辺の騎馬系異民族に攻め込まれ、漢民族はそれを跳ね返すだけであったが、その構図が崩れて、逆に漢民族が周辺地域に進出することになった。現在、中国に一億人いると言われる少数民族は、毛沢東が専制中国に力でとどめた人々である。また毛沢東は、中国の津々浦々に共産党支配の手を伸ばし、近代国家としての統治体制をととのえた。これも数千年の中国王朝の歴史の中で初めてのことである。

このように戦勝国の勢力圏再配分と民族自決のうねりは混ざり合って、超大国となった米ソを軸として、戦後半世紀にわたる冷戦構造が形作られていく。

明治以来、日本が力の真空を恐れてきた朝鮮半島の南部には、米国が大韓民国を建てた。今日、韓国は人口五千万人を擁し、経済規模でロシアを抜き、六十万の精強な軍隊を抱える米国の同盟国となった。朝鮮半島に強く繁栄する友好的な独立国を作り、北方の敵に備えるという伊藤博文や山縣有朋ら明治の元老が夢見た構図が、日本の敗戦と同時に米国の国力によってかなえられたのは歴史の皮肉である。

制度化された平和

戦後の新しい思潮でまず目を引くのが、紛争の平和的解決義務と戦争の禁止である。二十世紀ほど、夥しい数の人間が死んだ世紀はない。産業革命以降の技術が戦場に持ち込まれたためである。第一次世界大戦と第二次世界大戦を合わせて、数千万人の人間が死んだ。災害の代表と言えば洪水、地震、津波、伝染病であるが、いかなる自然災害でも数千万人は死なない。人災である戦争こそ、最も恐ろしい厄災である。

第一次世界大戦後、戦争に疲弊した欧州諸国は、将来の戦争回避に向けた秩序作りに向けて動き始めた。すでにロシアが主導した一八九九年のハーグ平和会議において、国際司法、人道法、軍縮への流れが生まれていた。米国のウィルソン大統領の主導した国際連盟は、米国自身の加盟拒否のため脆弱ではあったが、集団安全保障体制の基礎を作った。不戦条約では戦争が禁止された。米国の力が上がり、英国の力が落ち、世界の覇権が移りゆく中で、国際協調は必然の流れであった。しかし、孤立主義を捨てられなかった米国が抜け落ちた国際連盟はやはり脆弱であり、日独伊ソが現状に挑戦し始めると瞬く間に崩壊した。

第二次世界大戦後、戦勝国である米英仏ソ中（中華民国）の五ヶ国を中心とする強力な国際連合の仕組みが立ち上がった。平和への希求は世界中に広がった。国際連合は、もともとは日本とドイツを旧敵国とみなして、その復活を阻止する仕組みであったが、日独が西側の一員として生まれ変わって国力を上げ、台湾と入れ替わった中華人民共和国とソ連が冷戦の文脈で激しく西側と対立するようになると、国連は変質していった。米ソの対立で安全保障理事会も機能しなくなっていた。安全保障理事会が曲がりなりにも機能を取り戻すのは、冷戦が終了する一九九〇年以降のことである。

国連の機能不全という現実に合わせて、二十世紀後半には地域集団防衛機構や二国間同盟の重要性が増していく。典型例がＮＡＴＯ（北大西洋条約機構）と日米同盟である。

西ドイツも日本も、西側の一員となることで国際社会に復権を果たした。西ドイツは、欧州共同体に入ることで石炭、鉄鋼、原子力という主要戦争遂行能力を国際化し、ＮＡＴＯに入ることで米国の核抑止力の傘をかぶり、単独での軍事力の行使に厳しい縛りをかけ、国際的な信認を得ることに成功した。今や欧州経済の中ではドイツ経済が独り勝ちの状態であり、ドイツの地位はゆるぎない。ドイツは十分に元を取ったと言えるであろう。

自衛権の行使要件が真逆のドイツと日本

軍事に関しては、ドイツの事情は日本と逆で、集団的自衛権しか行使できない。もちろん個別的自衛権は保有しているが、ドイツ国会の縛りが厳しすぎて単独で軍事行動することが難しく、事実上、米軍の最高指揮の下、NATO軍として行動することしかできないのである。だからドイツ軍は、NATOの集団的自衛権行使が認められているアフガニスタンまでしか行けないし、ドイツ外交の戦略的視野もNATO内に限られがちである。

日本はドイツ同様、日米同盟の枠組みの中で国際社会に復権した。五五年体制の成立後、岸内閣が安保改定に舵を切った時、国内では左翼勢力の強い反発を呼んだが、国際的には日本の立ち位置は明瞭に西側となった。日本は自衛隊を創設し、米軍と共に北方のソ連を睨み、旧大日本帝国領で西側の影響下に残った台湾、韓国の防衛を米国の責任に預け、旧米領のフィリピンを米軍の後背地として東アジアの安定を図った。日米同盟の抑止力は大きく、第二次世界大戦後も朝鮮戦争、ベトナム戦争とアジアでは激しい戦火が噴き出したが、日本は安泰なままであった。

但し日本は、ドイツ民族の東西分裂という憂き目にあって現実主義に徹した西ドイツとは逆に、自国の安全保障を米国に委ねきり、日本国内では東西陣営間の体制選択の文脈で、安保論争とは名ばかりのイデオロギー的な議論が横行した。五〇年代の日本では、資本主義ではなく共産主義が人類の未来を担うべきだという考えが、今からは信じられないほど広く浸透していた。東側陣営に近い野党から日本の中立化、日米同盟弱体化、自衛隊の能力弱体化のための論争がたびたび仕掛けられた。政府による日米同盟強化の動きは、しばしば激しい反発を受け、混乱と政局に結び付いた。しかし、「日本を具体的にどう守るのか」と言う真剣な議論は少なかった。近年のオスプレイ導入を巡る狂騒曲などは、その例である。

建国以来、永い間、孤高の海上王国として外国勢力の国内政治への介入を許さなかった日本であるが、敗戦後、軍事力を奪われ剝き身の貝のようになった日本の国内には、その地政学的重要性から、米ソ両超大国を代弁するような国内勢力が生まれた。東西両陣営と深く結びついた二大勢力が、国内で対峙するようになった。自由民主党と日本社会党である。両党が生まれたのが五五年であり、その故に、この国内冷戦が構造化された政治体制を五五年体制と呼ぶのである。

冷戦開始後、米国の日本占領政策の変更と再軍備は、一部の日本人に強い反米感情を生み、それが東側陣営への傾斜を求める勢力と結びつき、五五年体制下の安保論争をイデオロギーで彩られた空疎なものへと変えた。ソ連による日本の中立化工作が、そのまま「非武装中立」論などと呼ばれてもてはやされたのは、その良い例である。日本の「非武装」は米国の初期占領政策そのものであるが、「中立化」はソ連の対日工作であった（『対日工作の回想』。著者のイワン・コワレンコはソ連の日本担当諜報員）。ソ連は冷戦初期、ソ連軍撤退の際に、東西勢力の狭間にあるオーストリアの中立化には成功したが、米国の影響力の強かった戦後日本の中立化には失敗した。

核兵器の登場と不拡散体制

第二次世界大戦後の国際政治を激変させた軍事技術は核兵器である。その破壊力の巨大さは、遂に人類に「戦争は割に合わない」という理性の覚醒をもたらした。地球を何度も破滅させせられるほどの核兵器が米ソ両国で製造され、米ソ関係は冷たい平和の時代に入る。戦後、大国間の全面戦争が起きなかったのは、核兵器の登場に負うところが大きい。

広島、長崎の惨状が世界に知られるにつれ、非核兵器保有国からは、通常爆弾による大規模な戦略的空襲とは異質の核兵器の残忍性が糾弾されるようになった。それは核戦争の愚かさを際立たせ、逆説的であるが、核兵器の抑止力を向上させた。

終戦当時、核兵器獲得に邁進したのは米英ソの三国であり、フランスと中国が後を追いかけた。英米仏ソ中五ヶ国が全て核兵器を獲得した時、核不拡散体制が提案され、それ以外の国々には原子力の平和利用だけを認め、核兵器開発を許さないという国際合意が形成された。核不拡散条約（ＮＰＴ）体制である。ただし、原子力の平和利用と言っても、核兵器開発に直結し得るウラン濃縮技術の拡散にはＩＡＥＡ（国際原子力機関）等の厳しい監視の目が光っている。

日本、ドイツ等一部の国に限って、ＩＡＥＡの厳しい監視の下でウラン濃縮が認められているが、それは完全に核兵器開発を放棄しているとの国際的な信頼があるからである。南アフリカ、リビア、韓国は、核兵器開発計画を途中で放棄している。冷戦後のウクライナやカザフスタンは、ソ連から引き継いだ核兵器を放棄した。これに対して、核兵器開発疑惑のあるイランに対する国際社会の目は厳しい。ＮＰＴを脱退し核兵器を開発した北朝鮮には厳しい制裁が科されている。

冷戦の最前線にあった西ドイツは、核問題にきわめて現実的に対処した。ドイツの悪夢は、同じ民族でありながら、東西両陣営の代理人として東西ドイツが核戦争の戦場にされることであった。英仏両国が核武装するのを横目に、ドイツ国会は五〇年代に核兵器運搬手段保持決議を通し、米国との粘り強い交渉を経て、ドイツも加盟国として発言権を持つＮＡＴＯ独自の核配備・運用に成功した。ドイツ外交の厳しい現実主義の勝利である。東西ドイツの分断が、ドイツを空想的な平和主義に籠ることを不可能にした。

日本では、国会、政府、学会、マスコミを含めて、米国の拡大核抑止に関してほとんど実のある議論がなされていない。タブー視されてきたからである。冷戦が終了して既に三十年、太平洋戦争が終結してから七十五年経った今日の日本においても、あたかも五五年体制下にあるかの様な議論が繰り返されている。拡大核抑止の内容を真剣に議論出来る日本人の数は限られており、日本人一般の軍事的リテラシーも著しく低いままだ。私はそれが残念でならない。

ガンジーの衝撃

世界大戦後に拡がった国際平和への熱望と並んで、戦後国際秩序の構築を推し進めた力は、アジア、アフリカの植民地から澎湃と沸き上がった民族自決の運動である。

戦後のインドが、ガンジーという聖人とネルーという政治家を得て、英国王権のくびきを脱した時、世界は震撼した。ガンジーはかつて、ボーア戦争、ズールー戦争、第一次世界大戦に医療兵として参加している。大英帝国の一員としての責務を果たしているのである。そのガンジーが、南アフリカの列車の中で人種差別を受けて、憤然と個人の尊厳の平等に気付いたと言う話はあまりに有名である。

ガンジーを「マハトマ・ガンジー（偉大な魂のガンジー）」にしたのはヒンズー教の教えであり、また、驚くべきことにトルストイの思想である。ガンジーは、ヒンズー教の深みから、魂の救済は真実と愛を知ることにあり、そこには肌の色は関係がないと気付いていた。ガンジーは、根拠地のグジャラートの河畔で静かに糸車を引きながら、サティヤグラハ（真実と愛に基く抵抗）の運動を始める。そしてトルストイが唱える絶対平和と非暴力の思想が、ガンジーにアヒンサー（非暴力）を抵抗の手段とすることを思いつかせたのである。

もとよりガンジーは一発の銃弾も撃たなかったが、ガンジーを信じてついていった人々には拷問、獄死等の様々な苦痛が付きまとった。しかしガンジーは、仲間の犠牲を耐えて、一九四七年にインドを独立に導いたのである。ガンジーは、自由や民主主義は決して西側が独占する思想ではなく、その根底にある真実や愛を求める気持ちは普遍的なものだということを、アヒンサーの抵抗運動によって証明したのである。

アジア、アフリカの植民地の人々は、奴隷のようにプランテーション農場で働かされ、世界商品だけを生産するモノカルチャーを押し付けられ、大量の労働力移民によって民族の構成を変えられ、二度の世界大戦に動員され、その収奪的な植民地経営を「おかしい」と思い始めていたのである。

人は社会秩序の中で生まれ、その秩序を受け入れ、その秩序の中で自己を実現しようとし、やがて年を取ってその秩序を守るようになる。しかしそれは、自らが公民として社会のルール作りに参加した場合に限られる。国民を代表しない政府は本当の政府ではない。植民地支配は、いかに家父長的、温情的なものであっても、現地住民を代表しない異民族支配であることに変わりはない。その支配が収奪的なものであれば、なおさらそうである。キューバのカストロの自伝を読むと、事実上米国の支配下にあったバティスタ政権の不正に対する憤懣に溢れている。共産主義思想の匂いはあまりしない。キューバは五〇年代末に米国の影響力を排除して社会主義政権を樹立したが、カストロを突き動かしたものは、共産主義思想というより反米と愛国の熱情であった。

六〇年代には、戦争で疲弊したイギリス、フランス、オランダから、アジア、アフリカの国々が次々と誇り高く独立していった。フランスはベトナムでホーチミンに敗れ、アルジェリアでも流血の敗退を迫られた。イギリスは、ブルネイのような石油の産地は切り離して独立させるなど、最後まで比較的うまく立ち回ったが、ローデシア独立では苦しむことになった。エジプトのナセルがスエズ運河国有化に踏み切った時には、英仏がイスラエルと共同で出兵して、米国とソ連の冷笑を買った。

二十世紀の後半、アジアとアフリカの人々は目覚めた。目覚めた異民族を支配することは最早、不可能であった。

インドネシア独立戦争を戦った日本軍人

日本が掲げたアジア解放という理想は、総力戦遂行のための資源獲得を目指したという本音を糊塗するための方便とされることがしばしばだが、日本軍の中にはアジア解放の大義に殉じた人々も沢山いる。それは決して戦争宣伝のためだけではなかった。

インドネシアの残留日本兵は千人を数える。聖将と呼ばれた今村均陸軍大将が敷いた軍政は仁政であり、現地の人々の心をつかんだ。その後、泰緬鉄道建設への大量動員等があり反日暴動も出て来るが、インドネシア人の激しい独立への希求を自分の胸に吸い込んだ日本兵の一部は戦後、様々な理由から祖国帰還を拒んだ後、インドネシア人と共にインドネシアの自由と独立（ムルデカ）のために、戻ってきたオランダ兵と戦うことを選んだ。

当時、山にこもって最高指揮官としてゲリラ戦を指導したのは、三十四歳の若さで結核で死んだスディルマンという若者であった。まるで高杉晋作のようである。病気で余命いくばくもない彼は、自らの乗った木の籠を担がせて山中を移動しながら戦ったが、その粗末な籠は今、ジャカルタの軍事博物館に展示されている。軍事博物館にあるインドネシア独立軍兵士の像の中には、日本陸軍の軍服を着て日本式の足袋を履いているものもある。

教育も与えられない、言葉も著しく異なる、万を超える島からなる国の人々に、民族としての誇りを呼び覚まし、団結し、組織として戦うことを教えたのは日本人だった。今、スディルマンの像はインドネシアから寄贈されて、市ヶ谷の防衛省に静かに立っている。インドネシア国外に立つスディルマンの像は、これが唯一のものである。

インドネシアの独立を指導したスカルノとハッタは、日本軍降伏の報に接してインドネシア独立を急いだ。彼らは、好意的だった前田精海軍少将の自宅に押し掛けて、その応接間で独立宣言を起草した。インドネシアの独立宣言は、〇五年（皇紀二千六百五年）八月十七日と日付が打たれている。スカルノは初代大統領となり、ハッタは副大統領となった。日本人のデヴィ夫人は、初代スカルノ大統領の夫人である。

祖国日本では、インドネシアに残りインドネシア独立のために現地に骨をうずめた日本軍人のことは忘れ去られた。残留した日本軍人を描いた日本映画『ムルデカ17805』が制作されたのは、二十一世紀に入ってからである。

キング牧師の公民権運動と人種差別制度撤廃

アジア、アフリカの国々が独立して、植民地主義のくびきを脱していくちょうどその頃、米国の中でも大きな変化が始まっていた。人種差別制度の撤廃である。

戦後、建国の理念を前に押し出した外交を始めた米国は、インドネシア独立ではインドネシアに肩入れし、スエズ動乱ではエジプトに出兵した英仏を植民地帝国の化石のように見下した。その一方、新米の超大国である米国は、狡猾な英仏などの旧植民地帝国につけ込まれ、冷戦の文脈ではイランやベトナムへの介入を余儀なくされたりしている。

また米国は、西欧と日本に米軍を前方展開し、自由圏防衛の意志を明確にした。

米国は、共産主義の強いイデオロギー浸透力を恐れ、世界各地での共産主義政権樹立に過敏となった。特にお膝元の西半球、石油の宝庫である中東、欧州植民地勢力の撤収した後の東南アジア、中ソ両国の重圧に直面する北東アジアではそうであった。

米国はベトナム戦争ではフランスの尻馬に乗って大怪我をするが、次第にアメリカという国の理想主義的な地の部分が出てくるようになる。米国内でベトナム戦争反対の声が盛り上がり始める。五〇年代の愛国主義と硝煙の匂いのする雰囲気が、急速に色彩豊かに変わっていく。若者の反乱、長髪とベルボトムとフォークソングの時代が到来する。

六〇年代まで世界中に残っていた植民地は、国際政治の主体ではなくあくまでも客体であり、当然のように宗主国に従属していた。奴隷貿易こそ終わっていたが、社会的ダーウィニズムという名の似非科学によって、依然として人種差別が当然視されていた。植民地の人々に平等な人権は保障されず、主権は蹂躙されたままであった。多くの産業国家は二十世紀前半には民主主義国家に変貌していたが、人権、人間の尊厳という普遍的価値観は、当時はまだ欧米諸国の間だけで適用されるローカルな価値観にとどまっていたのである。

戦後の米国の歴史で特筆せねばならないのは、リベラリズムが急速に高揚する前の五〇年代に始まった公民権運動である。一九五五年、アラバマ州モントゴメリーのバスの中で、白人の席に座っていたアフリカ系の一夫人、ローザ・パークスが、白人から「どけ」と言われて毅然として拒否した時、全米が震撼する公民権運動の狼煙が上がった。一九五七年には、アーカンソー州リトルロック高校へ初めて黒人学生が入学するとき、それを拒否したフォーバス知事に対抗するために、アイゼンハワー大統領は、米陸軍空挺師団に黒人学生を護衛させた。

公民権運動によって、少なくとも国家が認めた人種差別政策が終止符を打った。その時、白人キリスト教国にだけ認められていた自由、人権、民主主義という米国建国の理念が、地球的規模で普遍的に展開する契機が生まれた。西側の価値観が、普遍的な価値観として地球的規模で展開するためには、また米国がそのリーダーとなるためには、人種差別制度という桎梏を外すことが絶対条件であった。それが外れたのである。

公民権運動を指導したのはキング牧師である。キング牧師の本を読むと、ガンジーと同じ激しい霊感の輝きが見て取れる。自分はおろか家族さえ暗殺されかねないという恐怖におびえながら眠れずにいたある夜、キング牧師は「閃光の輝きを見た」「戦い抜けと呼びかけているイエスの声を聞いた」と述べている。キリストの教える愛は、完全な自由をもたらす。それは、ガンジーの信じた真実と愛と同じものである。キング牧師もガンジーと同様に非暴力を貫いた。

ガンジーはトルストイに影響を受けた。ガンジーが影響を受けたというトルストイの本（『神の国は汝等の衷にあり』）を読むと、トルストイに影響を与えた一人にウィリアム・ロイド・ガリソンという黒人奴隷解放運動家がいたことが解る。米国、ロシア、インド、そして再び米国へと、不思議な霊感の輪が、土星の輪のように地球を一周してつながっているのが見える。価値観が普遍的であるとは、そういうことである。

霊感（inspiration）は霊感を呼ぶ。霊感の輪は、ボストンのガリソンからロシアのトルストイに、そしてグジャラートのガンジーに、そしてアトランタのキングへと、米国から発して米国に戻ってきた。人間の尊厳の平等という思想は、優れた思想家の霊感を呼び起こし、無垢の魂に飛び火して、地球を一周したのである。

一九六三年、キング牧師が「私には夢がある」と演説した日、人々はワシントンの西にあるリンカーン・メモリアルから、ワシントンDC中央の米国議会議事堂まで、巨大なナショナル・モールを埋め尽くした。モールの両脇にあるコンスティテューション大通り、インディペンデンス大通りにも人々があふれた。キング牧師の著作を読むと、神という名の愛と真実に直接触った人であることが分かる。ガンジーと深いところでつながっている。

この日、米国が独立当時に掲げた理想は、国境も、大陸も、人種も、文化も、宗教も越えて、世界を指導し得る普遍的価値観となった。ローカルな西側の価値観が、グローバルな普遍的価値観として生まれ変わったのである。

ここに日米同盟が、単に共産圏に対抗するための防共同盟から、普遍的な価値を共有する大同盟へと変遷していく契機がある。キング牧師は暗殺されるが、彼の公民権運動がなければアメリカは世界のリーダーにはなっていなかった。米国が人種差別国家のままであったら、日米同盟も今日のようにインド太平洋秩序の脊椎とはなっていなかったであろう。

一九五〇年代から六〇年代にかけて、民族自決の大波が地球を覆い、アジアとアフリカの国々が大挙して独立していった。民族自決の波が最高潮となったちょうどそのタイミングで米国は、自分たちのイメージを人種平等を唱える人類社会のリーダーに切り替えたのである。その後、米国は西側のリーダーとしてだけでなく、世界のリーダーとして振る舞うようになった。欧州諸国も豪州も、米国に倣って人種差別を捨てていった。

それでも残った南アフリカのアパルトヘイトはネルソン・マンデラから不屈の戦いを挑まれ、国際社会から激しい糾弾を受け、自ら崩れ落ちた。マンデラはその後、南アフリカ大統領に就任した。

米中国交正常化と戦略枠組みの変化

冷戦構造が確立した後の最も大きな戦略構造の変化は、米中関係の正常化である。フルシチョフと毛沢東という巨大な個性の衝突は外からも目に見えるようになり、老い始めていた毛沢東は、ダマンスキー島でソ連に軍事的に挑戦する。

しかし、毛沢東の「大躍進」で数千万の餓死者を出し、「文化大革命」で疲弊した貧しい中国は、ソ連の敵ではなかった。モンゴルのチタから北京までは、ソ連陸軍からみれば侵略の一本道である。慌てた中国は米国へ接近する。米国もまたベトナム戦争で疲弊しており、中国を戦略的に西側陣営に引き込むことに腐心するようになる。ニクソン大統領訪中は世界を驚かした。演出を担当したキッシンジャー大統領補佐官（後の国務長官）がもてはやされるようになる。

日本は、田中角栄首相が直ちに後を追った。共産圏切り崩しという世界戦略の実現のためにさんざん苦労した後に、トンビに油揚げを奪われかけたキッシンジャー博士は激怒したと言われている。

米国は、日独と戦っていた共産主義国のソ連を同盟国に取り込んで、第二次世界大戦を勝利した。しかし、所詮は呉越同舟であった。続いて米国は、中ソの仲を裂き、中国を仲間に引き込んで、ソ連を圧殺することに成功した。敵の敵は味方であり、敵を切り崩すのは権力政治の常道である。移民一世のキッシンジャー博士のDNAには、欧州の血が薄まらずに流れていたのであろう。いま米中関係はきしみ始めているが、米中関係の蜜月もまた、ソ連という共通の敵に対峙するための呉越同舟であった。中国が共産主義国家として米国の覇権に牙をむけば、船は容易くひっくり返るであろう。

米中国交正常化の犠牲者はもちろん、米国に切り捨てられ、国連で議席を失った台湾である。しかしベトナムもまた被害者であった。中国の実力者、鄧小平は、ベトナムが三百万の犠牲を払ってようやく米軍を駆逐した瞬間、中国軍を投入してベトナムの背後を刺し貫いた。鄧小平は、伝統的に中国嫌いでソ連と接近しているベトナムが癪に障っていたであろう。また、ベトナムはカンボジアで毛沢東主義のポルポトを駆逐し、親ベトナム派のヘン・サムリンの権力掌握を支援していた。中国は、ベトナムがカンボジアを掌握することを許せなかったのであろう。

鄧小平からすれば、中国で権力の中核を占める軍を掌握せねばならないという政治的理由もあったであろう。更に言えば、米国を苦しめぬいたベトナムを背後から刺すことでソ連との決別を印象付け、新しくパートナーとなった米国の歓心を買おうとした面もあったはずである。伝統的な権力政治において、敵の敵は常に味方である。隣国同士が争い、隣国の背後の国と仲良くなることは稀ではない。

共産主義の終焉

八〇年代に入るとスターリン、毛沢東、ポルポトなどの暴虐が西側にも広く知られ始め、共産主義はイデオロギーとしての輝きを失っていく。共産主義体制は全体主義体制であり、政府は国民を代表せず、逆に国民の思想の自由、良心の自由までも奪う。人間やその思想を「改造」出来ると信じたイデオロギー的独裁体制は、ソ連、中国、カンボジアを始めとして、多くの国で何千万もの命を飲み込んだ。もとより犠牲になったのは戦闘員ではなく、無辜の民である。人道に対する罪、ジェノサイドもあった。毛沢東の大躍進は千万単位の餓死者を生んだ。ポルポトは、知識人というだけで市民を虐殺した。

ポルポト時代の死者は、数十万或いは百万以上と言われている。

また七九年のソ連によるアフガニスタン侵攻は、ソ連が地政学的な拡張を図る膨張勢力であるとの印象を世界中に広げた。レーガン米大統領、サッチャー英首相が登場してソ連に強烈に対抗するようになり、新冷戦と呼ばれる米ソ対決最後の十年間に入る。中曽根総理はこの時、日本は「西側の一員である」と断言して、その立ち位置を明確にした。

一九八五年、ソ連ではゴルバチョフ書記長が登場して「新思考」を唱え、次々と改革を打ち出し、西側との融和に舵を切った。ロシア人はユーラシア人を自称するが、ロシアでは、アジア的なスラブ・ナショナリストの指導者と西側を向いた指導者が交互に現れる。ムソルグスキーとチャイコフスキーが交互に演奏されるようなものである。ゴルバチョフ書記長は、待望された西欧派であった。長い停滞に苦しんでいたソ連の内側から自由を求める声が噴出し、一九九一年、ほとんど立ち枯れていたソ連邦はあっけなく崩壊した。

ソ連が消滅した日、私は外務省のソヴィエト連邦課にいた。ウクライナがソ連を飛び出し、ロシアがソ連を飛び出し、ソ連邦は消滅した。強大なソ連赤軍も、内務省も、K

ＧＢも無傷なまま残っていたにもかかわらず、また膨大な石油、天然ガス資源を保有していたにもかかわらず、まるで幻灯機の電源が切れたかのように、ソ連と言う国が消えてなくなった。人の社会とは権力装置やお金だけで回っているのではない、社会に対する人々の信頼でできているのだ、ということを痛感した。制度や法といった言葉が人々の信頼を失ったとき、言葉は規範力を失い、国家は消滅する。その瞬間を目の当たりにしたと思ったものである。

ソ連崩壊後、ソ連領となっていた旧帝政ロシアの植民地は独立する。中央アジア諸国やコーカサス諸国である。これらの国々もまた、共産化する以前に帝政ロシアによって主権を奪われた国々であった。コーカサス地方は日本にはなじみが薄いが、永くソ連共産党支配の中で凍えていた彼らの魂は、冷戦終了間際に、春を迎えた喜びに震えた。

アゼルバイジャンでは冷戦終了直前、多くの市民と学生が人間の鎖を作ってソ連支配に抗議した。ソ連軍は夥しい数の銃弾の乱射で応えた。カスピ海に臨むアゼルバイジャンの国立墓地には、独立の喜びを知る前に斃れた幾多の犠牲者が葬られている。若い人が多い。一つ一つの墓には、艶やかな黒石に死んだ市民の顔写真が焼き付けられていた。私が訪れた日、畳一畳もあろうかという漆黒の墓石の全てに、一輪ずつ赤いバラが手向けてあった。

現在ではロシアの力が退潮し、中国の台頭が著しくなっている。中国は共産党独裁体制を残したまま、国家資本主義とでも言うような、正統派の共産主義とは全く相容れない体制の国になった。アジアの多くの国々が民主化に舵を切った八〇年代後半、中国人民解放軍は、天安門で自由を求める多くの学生たちを虐殺し、民主化への扉を固く閉ざした。中国は、格差と腐敗と独裁という初期の開発独裁に典型的に見られる深刻な病状をかかえたまま、「ジャックと豆の木」に出てくる豆の木のように日々、巨大化している。

国民に責任を負わない政府は、権力保持だけを目的とするビヒモス（怪物）になる。民意のないところに天意はない。天命を失ったものは匹夫に戻り、民によって斃される。それが孟子の教えである。中国共産党は孟子の教えから学ぶよりも、津々浦々に電子監視の網を巡らせ、自らに敵対するものすべてを潰しにかかる道を選んだようである。特殊なイデオロギーを社会に注入し、チベットやウイグルの少数民族を圧迫し、国家統治を強化する方向に動いている。発揚する中国の国威に若い世代のナショナリズムも刺激され始めている。中国の支配者は、国民の拡張主義的ナショナリズムを統治に利用しようとするであろう。

米中の軋みは普通の覇権争い、権力闘争に見えるかも知れない。しかし、米国の自身の価値観に対する思い入れは本物である。ウォール街の拝金主義だけが米国の利益を代表するわけではない。国民を代表しない政府と地球を分割統治するほど、米国は権力政治に擦れていない。米中関係の行方は、今後の世界の大きな論点である。

二十世紀から掬い取るべき教訓は何か

こうして世界史の中の日本の来し方を振り返って見ると、昭和前期の日本が、あそこまで意地を張って頑張る必要があったのだろうかと、首をかしげたくなる。人間は考える動物であるから、よほど頭に血が上った人でなければ、殺し合いや果し合いはなかなか決断しないものである。

人類社会は、弱肉強食の社会から自由と民主主義、平和と繁栄へと向かって徐々に成熟してきた。それが十九世紀から二十世紀にかけて起きたことである。二つの世界大戦の後、核兵器の登場もあり、総力戦の愚かさは誰の目にも明らかになった。植民地支配も人種差別も、みな廃れていった。

日本人が戦前、心の底から腹を立てたのは、欧米のアジア支配と人種差別であったはずである。国際秩序の根源的な不義こそが、日本人が最も悩んだことであったはずだ。戦後の日本人は戦争に負けたので口をつぐみがちだが、戦前の日本人はこれが不満だった。

しかし、戦後になると植民地支配も人種差別も消えてなくなった。アジアやアフリカの植民地はほとんど独立した。そうするとやはり、なぜ日本人はこの新しい人類社会の実現を忍耐強く待っていられなかったのか、という疑問が出て来る。

二十一世紀に生きる私たちは、昭和前期の日本はどうしてあそこまで性急だったのか、どうしてもう少し待って様子を見ることが出来なかったのかということを、突き詰めて考える必要がある。政策的な過ちなのか、道徳的な過ちなのか。戦略的な過ちなのか、戦術的な過ちなのか。軍事的な過ちなのか、外交的な過ちなのか。それとも日本の統治機構に根本的な制度的欠陥があったのか。

当時の日本人には、歴史の流れが見えない。私たちには二十世紀の世界史の流れがくっきりと見える。戦後、日本人は生まれ変わったと信じ、そう諸外国に言ってもきた。しかし、何をどう間違えたのかを分析し、今の安全保障政策や制度に生かすことができなければ、本当に反省したとは言えない。それでは日本の未来を私たち生き残り組に託して無念に死んでいった三百万の英霊や同胞に対して、そして希望の欠片もなかった終戦直後の混乱の中で家族を守り、生きぬいて、今日の繁栄の基礎を築いてくれた私たちの祖父母、父母の世代に対して、あまりにも申し訳ないと思う。

本書は、その問いに答えを与えようと言うささやかな試みである。ここまで描いてきたように、世界史の中での近代日本の振る舞いを見た上で結論を言えば、日本が誤った根本にして最大の原因は、憲法体制の脆弱さ、特に「国務と統帥の断絶」である。それによって軍部の暴走に歯止めがなくなり、正しい政軍関係が破壊され、シビリアン・コントロールが全く効かなくなった。軍が政府と切り離され、政治も外交も壟断するようになれば、大局的な国益を見据えた外交戦略の視点は失われる。国家は統一された意思を持ちえず、自壊する。

それだけではない。戦前の日本は、人類の理性や霊性が徐々に覚醒し、それが地球的規模で広がり、普遍的な価値観が歴史を突き動かしていく姿が見えなかった。それでは国際社会を味方につけ、世界史を牽引するような外交戦略は出てこない。

日本は、欧米諸国の一部が工業化に先駆けて激しい権力闘争に入った際、ただ一人アジアから遅れて先行組に入り込んだ国であった。米国の主張する戦間期国際協調主義は、米国自身が孤立主義の殻に籠り、力によるコミットをしなかったために、絵に描いた餅になった。また、人種差別や植民地主義が横行している中で、国際政治における普遍的な価値観を信じろと言われても難しかった。更に日本人は、世界恐慌の後、悲惨な社会格差是正のための急進的社会変革と全体主義的な独裁政権待望の熱に冒された。日本人は、十九世紀から二十世紀後半にかけて進んだ、剝き出しの力の政治や革命や戦争と言った暴力を、古典的な自由主義、或いは普遍的価値観がゆっくりと繭のように包み込んでいく過程を、信じることができなかったのである。

第二部では、第一部で得られた知見を踏まえ、二十一世紀の日本外交の戦略について考えてみたい。

第二部　日本の外交戦略を考える

第六章　普遍的価値観と自由主義的国際秩序

銃、金、言葉

二十一世紀を生きる私たちが、二十世紀の歴史からくみ取るべき教訓の第一は、人類社会を導く価値観の変遷を見据え、人類社会の変化の方向性を予測することである。特に、人類の歴史を貫く普遍的な価値観とは何かを見極めることである。

それを見極めれば、目の前の現実に振り回されて右往左往することもなくなる。もとより人間の本性を無視した理想論では駄目である。例えば、権力闘争や序列争い、勢力の均衡と言った政治活動や、価値の創造、保存、交換といった経済活動は、人間の生存本能から出て来る活動であり、終わることはない。しかし同時に、言葉の力を侮ってはならない。短期的視点で見れば、弾丸はお金より強く、お金は言葉よりも強い。しかし、人は恐怖と欲だけでは動かない。人類がこの星の覇権を握って以来、世界史の大きな流れを作ってきたのは言葉の力である。言葉の力を見抜ける人間こそが、本当の大局を見ぬける。

短期的には、物理的な暴力が正しい言葉を話す人を殺すこともある。イエス・キリストは、神の子でありながら、十字架に磔にされた。イエスは、「エリ、エリ、レマ、サバクタニ（わが神よ、わが神よ、何故に私をお見捨てになったのですか）」と叫んで息絶えたと言われている。明治維新の十年前、独り国家の危機に焦燥した吉田松陰も、世に受け入れられないまま幕府の俗吏に処刑された。松陰は、最期に獄中で記した留魂録に「身はたとひ武蔵の野辺に朽ちぬとも留置かまし大和魂」と書き残した。リンカーン大統領もマハトマ・ガンジーもキング牧師も、みな殺された。しかし、真実を語る彼らの言葉が、世界史を書き変えてきたのである。

全ての人は平等であり、全ての人には良心がある。そこから正義と法が出て来る。世の中が変わる時、初めからその方向性が揃うことはない。既得権益と新興勢力は必ずぶつかる。時には混乱と衝突が生じる。しかし最後には、必ず大きな変革への方向性が見えてくる。それを生み出す源が良心であり、良心に最も近い言葉が普遍的価値観である。

最近の国際社会では、「自由主義的国際秩序」「ルールに基づいた国際秩序」ということがよく言われるようになった。日本政府も、自由で開かれたインド太平洋地域の構築とか、海洋における法の支配の重要性などについて発信している。多くの国の指導者が、日本の指導者に対して「我々は普遍的価値観を共有している」と述べるし、逆もまた真である。

普遍的価値観を考えるとき大切なのは、概念ではない。時間を超えて、空間を超えて、民族を超えて、人類を突き動かす普遍的な力の存在を認識することである。それは実在する。しかし、それは形を変えるし、どう呼ばれるかも時と場所によって変わってくる。

二十世紀の人類を突き動かしたもの

流血の二十世紀に人類を突き動かした力は何だったのだろうか。

十八世紀末の英国における産業革命は、今に続く地球的規模での人類社会の工業化の序章だった。当初、先行して農業から工業に軸足を移した一握りの国々が、巨大な力を得て、国際秩序を変容させて行った。非欧州文明圏からは日本だけが先行組に乗り込んだ。白人の子供ばかりの進学校に転校したアジア人の子供の様なもので、それは決して楽しいだけの経験ではなかった。

まず起きたことは、先行した工業国家同士の激しい権力闘争である。それは二度の世界大戦を生んだ。権力闘争は人間の性である。数千万人が無為に死んだ。その反省から、平和が制度化され、国際連合が生まれた。

工業国家の内側では、悲惨な生活を送る都市部の労働者が人間性の回復を求めて叫び始めた。先進民主主義国家では、労働組合と議会政治を使って格差是正が始まったが、後発の国々では暴力的かつイデオロギー的な共産主義体制、或いはエリート軍人などによる独裁や、ポピュリスト政党の独裁体制へと移行した。二十世紀前半には全体主義が世界的流行となった。

アジア、アフリカの国々は工業化に乗り遅れ、先行した工業国家に暴力的な手法で植民地へと貶められた。二十世紀後半、彼らは時に武器を手にして民族の自決権を奪い返し、独立と主権を得て、後れを取った自らの開発に専心した。彼らの多くは開発独裁に転じたが、戦前と同様に、共産化（北朝鮮の金日成、ベトナムのホーチミン等）、ないしは軍人独裁（韓国の朴正煕、全斗煥大統領）、あるいはポピュリスト政治家の独裁（フィリピンのマルコス大統領等）といったパターンが多い。

その一方で、戦後、ガンジーやキング牧師のように、人間の尊厳の平等を訴えた聖人が出た。自由や平等が普遍的な価値観であるという主張が始まる。

冷戦が終結してソ連が亡んだ九〇年代以降は、東欧やコーカサスの国々が共産党独裁から抜け出して民主化した。また同じころ、アジアでは多くの国が開発独裁の段階を抜けて、次々と民主化していった。

産業革命から二百年、地球的規模では未だに工業化の過程が進んでいる。この二百年の人類社会の工業化、それに伴う国際秩序の変容は、革命を生み、戦争を生み、差別を生み、隷属を生んだ。しかし人類は同時に、人間性の回復を求めて新しい価値観を、道徳を、法を、制度を生み出し続けてきたのである。軍事的には総力戦への反省と平和の創造、経済的には社会格差是正と市場経済・自由貿易のグローバルな展開、そして価値観の面では民族自決と自由、民主主義の伝播である。

これらはバラバラの現象ではない。その根には、人間が一人一人尊厳を有し、人間は一人一人が自由であるという確信がある。誰しもが平等であり、肌の色も、目の色も、宗教も、政治的信条も、文化的背景も、全て個人の尊厳の前には意味のない差別であるという確信がある。誰もが自己を実現し、価値を創造し、社会に貢献し、幸せになる権利がある。自己実現の欲求は、どこかで社会への貢献の欲求に繋がっている。それが幸福感、充実感をもたらす。その確信は、あくまでも個人のものである。だから個人の尊厳は平等なのである。平等な個人が話し合って作るのが社会のルールである。それが二十世紀を通じて確立され、磨かれてきた人類共通の普遍的価値観である。

権力とは畢竟、それに従う国民の総意（volonté nationale）を執行する道具である。日本人は、その国民の総意を民意と呼び、天意と呼んできたのである。だから、個人的な利益を追求する暴虐な王は誅せられる。二十世紀の後半、自由、平等、民主主義、法の支配と言った言葉が定着し、これらが普遍的価値観となって、人々の正義感と結びついて地球的規模で制度化していった。今、日本もその一翼を担う自由主義的な国際秩序、ルールに基づく国際秩序とは、その努力が結晶した結果に他ならない。

違う名前で呼ばれている「同じもの」

それでは、人間を自由や平等に向かって駆り立てるものは何か。今世紀の普遍的価値観を形作っている力の源は何なのか。

それは、人によって呼び方は異なる。キリストは「愛」と呼び、孔子は「仁」と呼び、孟子は「惻隠の情」と呼び、釈尊は「悟り」と呼んだ。トルストイは「愛」と呼び、ガンジーは「真実」と呼び、西田幾多郎は「善」と呼び、中村元は「温かな心」と呼んだ。私は、自分の書き物の中では平たく「良心」と言っている。人間を突き動かすもの、人間に生きる力を与えてくれるものである。

それには、地球上の誰もが共有できるような、きちんとした名前がついていない。なぜなら、それは誰もが持っている力でありながら、誰もが普段はその存在に気づいていないからである。トルストイの『人は何で生きるか』という小説の中で、神は天使ミカエルに「人は何を与えられているか」「人は何を与えられていないか」「人は何で生きるか」という問いを与えて、地上に突き落とす。ミカエルは地上でさんざん苦労した後、「人は愛を与えられているが、そのことに気づく力を与えられておらず、にもかかわらず人は愛によって生きる」と気づき、再び昇天を許される。ミカエルは天に昇りながら、「神は愛である」と述べる。

トルストイは、愛とは命のエネルギーの源であり、絶えざる前進であると述べる。神を知る者、愛を知る者は、完全な自由を手にするという。彼にとって、愛の力に突き動かされて正しく生きることが、愛を知るということなのである。

トルストイの短編小説には、宮沢賢治の「雨ニモマケズ」の主人公や、「虔十公園林」

に出てくる虔十のような人物が沢山出てくる。実際、トルストイと宮沢の描き出す主人公は恐ろしく似ている。般若心経は、知恵を働かせて悟りに至るものは「無有恐怖遠離一切顚倒夢想」となると教える。実際、仏教徒には、苦しみや恐怖を忘れて仏に生かされていると感じるときがある。宮沢の描く物語には、人生の真実、活きる力の源に触った平凡な人間の本当の強さが、説得力を持って描かれている。

前述したように、トルストイの著作『神の国は汝等の衷にあり』は、ヒンズー教徒のマハトマ・ガンジーに衝撃を与えた。実は、キリスト者であるトルストイの霊的な覚醒のあり方は、仏教の教えとよく似ている。釈尊は、四聖諦を説いて、人生は苦しみであり（「苦」）、苦しみには源があり（「集」）、その源とは無知の闇（「無明」）であるとして、無知の闇を破れば苦しみが消滅する（「滅」）と教えた。しかし、釈尊は、無知の闇を破った後に、何を知ることが出来るか、悟りとは何かについて、語ることはなかった。トルストイの描いた堕天使ミカエルが言うように、「人には（自動的に）愛を知る力が与えられていない」から、悟りの中身は言葉や概念では教えられないのである。知らないものに名前は付けられない。名前を付けても実在するものが何かを知らなければ意味がない。自分を突き動かすものの正体は、自分で見つけるしかない。それが悟りである。

そのためには正しい努力がいる（「道」）。それが仏の教えである。

釈尊は悟りに至る道として、八つの正しい道（「八正道」）を教えた。現代日本語に訳せば、正しくものを見て（「正見」）、正しく思索を巡らせ（「正思惟」）、優しい言葉でしゃべり（「正語」）、罪を犯さず（「正業」）、正しい仕事を見つけて（「正命」）、真面目に働き（「正精進」）、心をいつも清らかに働かせ（「正念」）、静かに落ち着いている（「正定」）という当たり前のことである。釈尊もまた、悟りに到達するには、不断の努力がいるとだけ述べて、悟りの中身を説明してはいない。ただ、釈尊は、悪を避けよ、悪は苦しみをもたらす、善を追い求めよ、善は喜びをもたらす（「諸悪莫作、衆善奉行」〔七仏通誡偈〕）と教える。善への修行だけが、悟りへの道である。

善悪は理屈ではない。釈尊の教える通り、自分の良心から噴き出す道徳感情が教えてくれる。善への喜びと悪に対する改悛が、人生を織りなしていく。仏教では悟りを真っ青な空に例える。温かい陽光を運んでくる空。風の吹きぬける空。そこにあるのはただ無辺の虚空である。仏教徒は、そのイメージだけを頼りに善を求め、悪を排して、釈尊の悟りに迫ろうとする。釈尊没後五百年にして、大乗仏教徒は「智慧と慈悲」という言葉を見つけた。

孔子もまた『論語』の中で、儒教における至高の価値である「仁」を定義したことがない。ただ、三十六歳も歳の離れた若い樊遅に「仁とは何でございますか」と問われたとき、「人を愛することだよ（愛人）」とだけ、優しく答えている（顔淵篇）。

愛は、人間が生きていく上で不可欠の感情である。但し、「愛」と言う言葉は、日本語にすると、仏教の渇愛、或いは男女の性愛という響きがあるので、少し狭いと思う。英語の「love」とは人類愛を含む広い言葉であり、漢籍の「仁」の方がぴったりくる。普通の日本語でいえば「優しさ」や「温かな心」と言う方がしっくりくるかもしれない。

しかし、家族を失うまで家族の大切さに気付かないように、人は愛によって生きていること、生かされていることを普段は忘れている。それは空気のように余りに当たり前で、むしろその存在に気が付かない。人間は、自分一人が生きていくだけではなく、共に生きていくために力を与えられている。人は、命をつなぐために家族とつながり、友とつながり、命を守り合って生きていく。それは愛という感情が生む絆の力である。

人はなかなかその力に気づかないが、覚醒した者は、その源から言葉が噴出し、価値観となって凝固することを知っている。人が、時間と空間を超える真実に一番近い言葉を見つけたときに、それが普遍的な価値観とよばれるようになるのである。

そこから法が生れる。人の生きるところ、必ず法がある。法は愛から生れる。そして絆が生れる。絆が法を形にする。法は善意の人間の社会的な営みを守るための実在の力である。それが法の支配の意味である。昨今、欧米人が「ルールに基づく国際秩序を守れ」と盛んに言うのは、学校の風紀委員の様に、単純に決まった規則を守れと言っているのではない。法の支配の本質を踏まえた話をしているのである。

自由と民主主義

普遍的価値観と言う時、私たちは、その中核的要素として自由（freedom）と民主主義（democracy）によく言及する。

自由とは、人間の根源的な欲求である。なぜなら自由は、ガンジーの言う「真実と愛」から出てくる衝動だからである。トルストイは、愛は人を完全に自由にする、あらゆる人間的権力から解放するという。仏教は、真理に至ったものは無辺の虚空を飛ぶ鳥のようなものだと教え、あらゆる世俗の既成概念を否定することを教える。それが本当の自由である。良心の自由、思想の自由は、社会に貢献したいと言う自己実現の欲求と不可分である。だから、それは言論の自由、職業選択の自由につながる。

おそらく明治以前の日本人は、この絶対的自由を異なる言葉で呼んでいた。長州人は、徳川幕藩体制という既成秩序を打破することを「狂う」と呼び、高杉晋作は東行狂生、西海一狂生、東洋一狂生などと称し、山縣有朋も自ら「狂介」を名乗った。また、幕府の檀家制度を拒否して純粋な仏道を希求した長州長門西圓寺の浄土宗大日比派の高僧たち（法岸、法州、法道）は、世俗権力との絶縁を決意して世を捨てると誓い、「捨世派」を名乗った。牢固とした既成秩序から絶対の自由を求めれば、僧院の奥深くで世を捨てるしかなかったからである。彼らはみな、本当の自分を見つけたのである。

自由は、既成概念を打破し、自分の定点を与えてくれる。「山上の垂訓」の中で、イエスは、「わたしのもとにきて、わたしの言葉を聞いて行う者が、何に似ているか、あなたがたに教えよう。それは、地を深く掘り、岩の上に土台をすえて家を建てる人に似ている。洪水が出て激流がその家に押し寄せてきても、それを揺り動かすことはできない」と述べた（ルカ伝）。

釈尊は、「（欲望の）暴流（あらなみ）もおかすすべなき心の洲（島）を作るべし」と、同じような譬えで真実を伝えようとした（法句経〔ダンマパダ〕、友松圓諦訳）。中国仏典では、これを「自灯明、法灯明」と漢訳して教える。

自分の定点は、自分の中にしかない。そこに神が宿り、仏が宿る。それが愛という感情を生む源である。良心である。トルストイの『神の国は汝等の衷にあり』とは、同じことを言っているのである。

孔子は、「信なくば立たず」と教える。この句は、武器を捨て、たとえ餓死しても自らの信念は捨てないという、孔子らしからぬ激しい言葉である（顔淵篇）。仁こそが自分の定点であり、定点のない自分は自分でなくなるからである。

人生の真実に触れることのできた人は皆、同じことを言う。真実とは自分を突き動かすもの、自分に生きる力を与えるもののことである。それを見つけ出して、自ら正しいと信じる道に進むことが、本当の自由である。それは静的なものではなく、不断のプロセスであり、その目的は自己実現に他ならない。

しかし、それは決して利己的なものではない。逆である。なぜなら、自らの利益だけではなく、他の人々とつながって生きていることを認識し、共に思いやり助け合って生きていくことを、多くの人間が「正しい」と思うからである。そこから力が湧いてくる。その時に感じる、悲しみに彩られた深い喜びは、人に思いもよらぬ強さを与える。その喜びを人は愛と呼ぶのである。人はそこに神や仏を見るのである。なぜなら私たちは、そのように作られているからである。

日本人にとって、絆や共生という言葉は解りやすい。釈尊は更に進んで「生きとし生けるものの幸せ」を祈った。一つの宇宙の中には無限の宇宙があり、一つの宇宙は無限の宇宙に含まれるという華厳の思想は、命が全て連関しているという絆の思想であり、日本人に深くしみついている。山口県北浦の詩人、金子みすゞは、「蜂と神さま」の中で、「蜂はお花のなかに、お花はお庭のなかに、お庭は土塀のなかに、土塀は町のなかに、町は日本のなかに、日本は世界のなかに、世界は神さまのなかに。さうして、さうして、神さまは、小ちやな蜂のなかに」と歌った。

根源的な自由は、真実と愛から生まれる。だから自由は、自ずから絆と共生を求める。禅の悟りは慈悲を生む。だから禅者は、利己的な座禅を野狐禅と罵るのである。

原理的個人主義から生れる妥協の民主政治

自由は個人に所属する。自由は個人的なものである。真実と愛の見つけ方は、個人による。そこから吹き出すエネルギーがどのような言葉を生み出すかも個人による。個人の意見が異なるときは、妥協することが正しい。正義は一つではないからである。少なくとも、限られた知性しか持たない人間には、一つの問題に完全な解答を見出すことは難しい。数学の問題の解答は一つであるが、政治において解答は無限にある。妥協に論理は必要ない。妥協は妥協であり、政治は妥協の連続である。

だから、多数決に意味がある。孟子は、天は目を持たず耳を持たないから、民の目を通じて見、民の耳を通じて聞く、天意は民の指導者への賛意によって現れる、と書いた。儒教では、天意を受けた皇帝が善政を施すことが統治の根本とされる。それは、欧州啓蒙主義の政治哲学のエッセンスと同じである。

為政者は民のためにある。その逆ではない。為政者が民を収奪することは許されない。この考え方は、多くの宗教思想の中に深く根差しており、形を変えて世界中どこにでも見られる。日本に生まれた聖徳太子は、人はすぐに徒党を組んで争うから、よく話し合えと述べた（十七条憲法）。一人一人が、自らの内にある良心に耳を傾け、正しいと思うことを述べ合い、少数の意見を取り込みながら、多数に従って妥協を図ることが正しい。それが民主主義である。

民主主義の考え方は、西欧の啓蒙思想に独特なものではない。それは、アジアでは古来、普通に語られてきたことにも根拠を持つものなのである。

第七章　「価値の日本外交」戦略を構想する

国益とは何か

最終章では、普遍的な価値観を中心に置いた時、二十一世紀日本はどのような外交戦略を構想しうるのかを考えてみたい。

正しい外交戦略を持つための第一歩は、自らの国益をしっかりと認識することである。自分の利益を知らない人が社会生活を営めないように、自らの国益を知らない国は他の国ときちんと交わることが出来ない。

日本のような民主主義国家では、国益は自由な人々の開かれた合議の中で定義される。つまり、国民の支持が不可欠である。国益をどう実現するか、その方策を組み合わせて考えるのが国家安全保障戦略である。戦略的思考とは、合目的的思考のことである。

国益の定義に当たっては、その前提として、二つの点に注意が必要である。

第一に、狭い国益にこだわりすぎると、かえって真の国益を見失うことである。広い公益を忘れ、狭い私益を追い求めてばかりいる者は、総じて短命である。二十一世紀に生きる私たちは、国益の定義に際して、常に人類社会全体の公益を考えねばならない。

第二に、目的と方法を混同しないことである。国家の至高の目的は国民の生存と幸福であって、その逆ではない。権力の維持それ自体が目的化している政権は、正当化され得ない。二千三百年前、孟子が「民をもって貴しとなす、社稷それに次ぐ、君をもって軽しとなす」と言った通りである。

「なんちゃって自由圏」から本物の自由主義的秩序へ

今世紀前半における日本外交の最大の課題は、アジアにおける自由主義的な国際秩序の構築である。二十世紀後半、大日本帝国の崩落後まもなくして、欧米の植民地帝国が崩壊し、アジアの殆どの国々が独立した。大日本帝国崩落に伴い真空地帯となった朝鮮半島には、東西冷戦の磁場が生じ、南北朝鮮が並立し分断国家となった。日本軍が撤収したアジアの広範な地域には、民族自決の動きが沸き上がった。

東西冷戦の磁場の中で、アジアは分断された。ソ連（ロシア）、中国、北朝鮮が共産化した。ホーチミンは、フランスと戦うために助力してくれれば、おそらく米国と結んでもよかったのであろうが、米国がフランスに肩入れしたために、共産主義圏を選んだ。

これら諸国に対抗して立ち上げられたアジアの自由主義圏では、日本、韓国、フィリピン、タイ、豪州が米国の同盟国となった。自由圏とは言うものの、本当の民主主義国家は少なかった。フィリピンのマルコス大統領、インドネシアのスハルト大統領、韓国の朴正熙大統領、全斗煥大統領などは、有能ではあるが、みな典型的な独裁者であった。

新興独立国は皆、植民地支配と戦争で荒廃し、疲弊した経済の再建と発展を急いだ。社会が激変する工業化の初期に独裁体制が生じ易いのは、戦前も戦後も同じである。米国は、冷戦という文脈の中で、共産主義の浸透を防ぐために、独裁国家を「自由圏」の一員として扱ったのである。

アジアにおける「自由圏」は、「なんちゃって自由圏」だった。アジアの独立国の殆どは、日本を除けば紛れもない開発独裁国家だったし、逆に彼らの側から見れば、西側民主主義国家とは、つい最近まで彼らの主権と自由を蹂躙した植民地帝国に過ぎなかった。のみならず、フィリピンに早期の独立を与えた米国以外の欧州植民地帝国は戦後、厚かましくも宗主国として帰ってこようとした。アジアの国々が独立した五〇年代、六〇年代には、欧米社会では人種差別も終わっていなかった。アジアの人々から見れば、自由も民主主義も、先進工業国の贅沢のようにしか見えなかったであろう。また、自由も民主主義も先進国にしか適用されないローカルな価値観に見えたことであろう。主権と自由を奪われた側からすれば、それを「普遍的な価値観」と呼ぶのは詐欺まがいだったに違いない。結局、朝鮮戦争によって米韓同盟の鉄枠を填められた韓国を除いて、多くの国が非同盟の立ち位置を取った。インドは非同盟の雄となって屹立した。

二十一世紀に入り、冷戦中の「なんちゃって自由圏」が、本物の自由主義的秩序へと変貌する契機が生まれた。本物の自由アジアが生まれる気運が出てきた。そのアジアとは北東アジア、東南アジアに止まらない。太平洋からインド洋に跨る広大なアジアである。それが「自由で開かれたインド太平洋構想」である。

最大の問題は中国

欧米では現在、自由主義秩序の後退が言われるが、それは拡大・統合と移民政策に疲れた欧州諸国、欧州委員会の官僚政治からの主権回復に執念を燃やす英国、相対的な国力の低下から世界のリーダーシップをとることに疲れを見せ始めた米国の話であって、アジアとは無縁である。アジアにおける自由主義的秩序は、これまで存在しなかった。そして今、初めて存在し得るかどうかが問われているのである。

冷戦終了の前後から、経済発展を軌道に乗せた多くのアジアの国々が、自らの手で民主主義に向かって舵を切り始めた。八六年のフィリピンの民主革命を皮切りに、韓国、台湾、ＡＳＥＡＮ諸国の一部が、堰を切ったように民主化に向かって動き始めた。

忘れてはならないのは、戦後、西側先進工業諸国も、ゆっくりと、しかし大きく変わってきていることである。アジア、アフリカの植民地が大挙して独立し始めると、欧州植民地帝国は、歴史の流れに逆らうことを諦めて、逆に民族自決を当然のように語り始めた。また米国の公民権運動を経て、全ての先進工業国において、制度としての人種差別が撤廃され始めた。個人の尊厳、自由と民主主義が普遍的であるとの確信が、欧米日と言った旧植民地宗主国と新興独立国の両方に広がり始めたのである。

また、冷戦終了に伴って、共産圏が消失した。広大な領土を持ったソ連は消滅し、ロシアとなった。かつては共産圏に属したベトナムは、ドイモイ政策の下で経済開放に舵を切った。北朝鮮は、レニニズム的な共産主義体制にしがみつき、核兵器開発に勤しむが、国際的には孤立した状態にある。

残る最大の問題は中国である。七〇年代に、戦略的パートナーをソ連から米国に乗り換えた中国は、自由主義経済体制に入り込み、見事な工業的発展を遂げた。しかし中国は、冷戦終了間際の天安門事件（八九年）で自由を求める学生を虐殺し、民主化への扉を固く閉ざした。政治的には共産主義体制のまま、経済的には自由貿易体制を最大限利用し、巨大化し続けている。問題は、中国が、自分自身が裨益している自由主義的国際秩序を修正し、自らのルールに基づく世界を作りたいという野望を隠さなくなったことである。急速な経済発展は、国民のナショナリズムを刺激し、拡張主義的な気運を生む。政治指導者はそれを利用しがちである。今日、中国の唱える「人類運命共同体」構想は、中国が中心となる新世界秩序という意味であり、昭和前期に日本が唱えた「東亜新秩序」と同じ匂いがする。

西側先進諸国とアジアの民主主義国家を糾合して、普遍的価値観に基づく自由主義的な国際秩序を構築できるかどうかが、日本にとってのみならず、インド太平洋の全ての国々にとって、今世紀最大の戦略的課題の一つである。それは決して中国に対して排他的秩序を作るものではない。中国は自由主義的な国際秩序に挑戦している。しかし、中国もいつの日か変わるであろう。

中国人は賢明である。天安門事件の前には、胡耀邦中国共産党総書記が中曽根総理に、中国民主化の可能性について言及していた。私たちが共産化することはあり得ないが、いつの日か中国が私たちのようになることはあり得る。その日まで、私たちは自由主義的な国際秩序、国民に責任を負う政府をもつ民主主義体制の生命力を誇示し続ける必要がある。核兵器の登場した今日、米中全面戦争や第三次世界大戦はあり得ない。これは政治思想を巡る競争なのである。米国も相対的な力が落ちてきており、戦後七十五年間、世界秩序の支え役を一人で担い続けてきたことに疲れを見せ始めている。しかも、米国のアジアに関する知見は限られている。日本には、アジアにおいて自由主義的秩序構築のリーダーシップを発揮することが求められている。

普遍的価値観の台頭が読めなかった近代日本

では、日本にその責任が果たせるだろうか。

価値観とは、信条の束、価値の体系のことである。信条は、個々人の善悪に係わる倫理的判断が精緻化されて、積み上げられて出来上がる。その判断は、個々人の良心から出てくる。良心は、心の深奥にある深い喜びや、苦い悔恨の情と言った道徳感情を活性化させる。価値観とは、人間の良心の産物なのである。

価値の体系は、良心から湧き上がる道徳感情によって形成され、個人の人生を通じて、共同体の歴史を通じて、磨かれ続ける。価値の体系は、個人の歴史、国家の歴史、さらには人類の歴史を通じて、修正され、洗練されていくのである。個々の価値の体系は、個々の人間、集団、民族、国家の歴史を反映して、各々が異なる光彩を発する。しかし価値観を生み出す良心は、すべての人間に与えられた普遍的な機能である。したがって、全人類に共通の、基盤的な、根本的な、普遍的な価値観があると信じることは正しい。

普遍的価値観は、近代政治の用語でいえば、西洋由来の天賦人権、自由、平等、民主主義、法の支配、個人の尊厳と言った言葉に凝縮される。この新しい思想は、百五十年前の明治時代に欧米から渡来して、近代国家建設の理想に燃える若き日本人の心を激しく揺さぶった。陸奥宗光の「読万国史書感」と題した漢詩が残されている。そこで陸奥は、「中外六大州の治乱、上下三千年の興亡、茫々たる宇内に義戦なし、強食弱肉、屠場に似たり、読み来たりて、瑞気《ずいき》、眼底を靄《あい》すは、一篇、米国独立の章」と述べている。

弱肉強食の欧州帝国主義時代にあって、フランス革命の思想に発する米国独立革命の思想が、若き陸奥の心の奥に、巌のような不動の定点を生んだ。私の敬愛する故・岡崎久彦大使は、この陸奥の漢詩をいつもポケットに潜ませておられた。幼い頃、大正デモクラシーの息吹を思い切り吸い込んだ両親を見て育った岡崎大使は、近代日本の原点が富国強兵や軍国主義ではなく、明治以来育ってきた日本の民主主義にあると考えられたのであろう。

日本が二十世紀前半に大きく道を誤ったのは、欧州を中心とする弱肉強食の権力政治にとらわれて、人類社会の倫理的成熟を待つことが出来なかったからである。価値観のない外交戦略はあり得ない。人間の社会は、正義と道徳を中心にして言葉で作られる。人は言葉で編まれた巨大な巣を営む。それを「社会」と呼ぶのである。欲と恐怖だけで人は動かない。金まみれの生活を与えても、こん棒で殴りつけても、人が納得しなければ長続きはしない。価値観のない外交は、子供じみた戦争ごっこに成り下がるか、腐敗した金権政治に成り下がるか、冥府魔道の権力政治に堕落する。

二十世紀前半には、米ソ両国から新思想が噴出した。ソヴィエト連邦に現れた共産主義思想は極端な独裁の末に枯れてしまったが、米国に現れた自由主義の思想は、二つの世界大戦を経て欧州中心の帝国主義時代に弔鐘《ちょうしょう》を鳴らし、アジア、アフリカ諸国の独立を呼び、ソ連共産党の独裁政治を斃した。冷戦を終了させ、国際政治の主流を形作った。

米国は、建国の理念を記した米国憲法の理想を、愚直に国内外で追求し続けた。米国もまた、ナポレオンのフランスの様な、古典的な自由主義イデオロギーの帝国であった。

日本は、後発資本主義国家であるドイツ、イタリアや、共産化したロシアなどの国々と同様に、二十世紀が進んでも十九世紀的な弱肉強食の世界が続くと単純に信じていたのである。いじめられっ子はいじめっ子になりやすい。社会正義に対する信頼が壊れているからである。日本はドイツ、イタリアと共に力による現状変更を選び、そして自滅した。

二十一世紀の日本は、力を信奉するだけでは駄目だということを知っている。戦後の日本は、国際社会の正義と公正を信じ、それを支える国となった。今や日本は、自らの掲げる普遍的価値観に忠実なルール・メイカーである。日本は、自らの良心に基いて、地球的規模で正義を定義し、実現するための責任とリーダーシップを背負う勇気と覚悟を持っている。私はそう信じている。

日本の価値観とその普遍性

日本人は明治以降、西洋政治思想を自家薬籠中の物にしたというだけではない。そもそも日本人は、全人類が共感し、分かち合える普遍的な価値観を持っている。それは背骨や骨盤と同じで、人類が誰でも持っているものだからである。それは、啓蒙主義時代にゲルマン系欧州人によって磨かれた西洋政治思想と通底している。

政治思想が生む力の源に普遍的な要素があることを、東西文明に共通の要素があることを、近代国家の単位で証明して見せたのは、アジア唯一の先行工業国家として独り東西思想の融和に苦しんだ明治の日本である。個人のレベルではガンジーやマンデラも同じような経験をしている。それは辛い経験であった。彼らもまた、西欧啓蒙思想と伝統的な思想に折り合いをつけ、見事に昇華して見せた。日本が国家として経験した東西の政治思想の融合は、多くのアジアの国々にとってモデルとなり得る。

多くのアジアの国々が、未だに産業化、西欧化することは自らの伝統的価値観を損なうことではないかと危惧している。日本人が、明治以降百五十年を経て日本人であり続けているという事実が、西欧化は決して伝統的価値観を捨てることではないことを証明する。

アジアと欧米を一つの自由主義的な国際秩序に統合することは、今世紀の日本の使命である。そしてその自由主義的国際秩序の心臓は、大西洋地域からインド太平洋地域に移るであろう。日本はアジアの近代化、工業化の先駆者として、沢山悔しい思いをしながら懸命に努力してきた。この百五十年の日本の経験は、その失敗も成功も、戦後に生まれたアジア、アフリカの国々にとって必ず何らかの道標になるはずである。

「優しさ」と「温かな心」

日本の価値観の普遍性とは奈辺にあるのか。

普遍的価値観との関係で重要なのは、第一に優しさの感情である。日本思想における価値とされているものの普遍的な本質は、難しく言えば人類愛である。これを人間の尊厳が平等であることの確信と呼んでもよいし、もっと単純に他人を愛することや労わること（love and care）の大切さを知ることと言ってもよい。

この優しさは、人が他人と共に生きていくために必要な道徳的感情であり、日本人が長い間、大切にしてきた感情である。仏教は知恵と慈悲を教える。仏陀は慈悲の心を教え、「生きとし生けるものの幸せ」を祈った聖者である（スッタニパータ）。それが日本に伝わった仏陀の知恵であり、そこから今日的な人類愛が出てくるのである。

儒教もまた人類愛を教える。孔子は「仁」を至高の価値とし、仁とは愛であると述べ、愛は個人から家族へ、家族から国家へ、国家から人類へと広がることを教えた。天皇陛下の御名には明治以降、睦仁陛下、嘉仁陛下、裕仁陛下、明仁陛下、徳仁陛下と、すべて仁の字が用いられている。サムライの価値観である「忠」は、最高価値ではない。それは「侍（サムライ）」の漢字が示すように、「侍るもの」の主君に対する没価値的な忠誠に過ぎない。何のための忠誠かと言う目的意識がない。儒教では、天命を受けた君主は自ら聖なる最高の価値を体現せねばならない。最高の価値とは民の幸福である。それを祈る優しさこそが仁なのである。

先に述べたように、ロシアのトルストイも「神とは愛である」と喝破している。当然であるが、人類愛の立場に立てば、全ての人の命には同じ価値がある。人間が人間として扱われないとき、踏みにじられるとき、良心から噴き出る感情は憤怒に変わる。正当な怒りは行動を伴う。権力の濫用に対する正当な怒りから生じる行動は、欧州において「人間の尊厳を守る」「天賦人権を守る」として正当化されるようになったのである。

この文脈において、東洋思想の中では孟子が重要な地位を占める。孟子は、天道を踏み外した暴虐な王は天命を失い匹夫に戻るので、誅殺しても構わないと言い切っている。このような考え方は、欧州啓蒙主義時代の政治思想に酷似している。フランス国歌

「ラ・マルセイエーズ」の歌詞は暴虐な王の誅殺を歌っている。政治の本質に、洋の東西は関係ない。

「法の支配」の伝統

日本思想において普遍的価値観との関係で重要な要素の第二は、「法の支配」という考え方である。権力は絶対ではない。権力には目的がある。それは民の生存を確保し、自己を実現させ、暮らしと幸福を守ることである。権力には権力が奉仕するべき至高の目的があるのである。ルソーはそれを国民の総意と呼び、孟子は民意を通じて現れる天意と呼んだ。

日本では、八世紀の聖武天皇の御代に広く読まれた金光明経に、無法な王には仏罰が下ると記された件《くだり》がある。仏法に基づく国を建て、護法とともに護国を図るという考え方は当時、仏教の教えと共に広く国中に浸透した。これは日本における法の支配のはしりであり、日本政治思想史上の大きな転換点である。また九世紀の高僧・空海は、国家は王や大臣のためにあるのではなく、広く衆生を救うためだと教えていた。

このような日本に伝わる東洋的な法の支配の考え方に加えて、明治以降には近代的な民主主義の制度が入り、日本風の法の支配の考え方に近代的な制度的裏付けを与えた。近代民主主義において重要なのはその制度であって、概念ではない。政治手続きや政治システムが重要なのである。孟子が言うように、もし民意が天意だとしたら、どうやって天意を推し量ればよいのか。どういう手続きで天意、すなわち民意あるいは国民の総意を体系的に聞くことが出来るかが問題となる。それは個人主義の原理の上に立った民主的手続きによってのみ可能なのである。

民主主義の仕組みは、いくつかの制度が複合的に組み合わさってできている。第一に思想の自由、言論の自由、報道の自由、集会の自由などを記した権利の章典が要る。第二に立法を通じて国民が政策形成に関与し、同時に政府のコントロールを確保するために、議会と複数の政党が必要である。国民の代表である議員を選ぶためには、自由で公正な普通選挙が実施されなくてはならない。第三に行政府、立法府の権力濫用から国民の権利を守るために、独立した司法府が必要である。この中の一片が欠けたとしても制度としての民主主義は機能しない。

欧州人にとって通常、権力とは悪意あるものであり、あるいは悪そのものであり、ルネサンス以降、多くの啓蒙思想家がローマやギリシャの古典を渉猟して、権力をコントロールするための教訓を探し出そうとした。そして近代民主主義の制度がゆっくりと凝固していった。これは欧州の人類政治史への大きな貢献である。イギリス人は、人間の本性をありのままに見据えるのが上手い。彼らが発展させた議会制民主主義は、理屈っぽいフランス人によって先鋭的に理論化された。その理論は清教徒が理想の宗教社会を求めて渡った米国に受け継がれ、米国は原理と理念の共和国となって英国王政の桎梏を脱した。

日本は一八八九年に帝国憲法を制定し、一八九〇年に帝国議会を開いた。もとよりアジアでは最初の主権国家による国会開催である。それから百三十年が経ち、今や多くのアジアの国々が議会制民主主義を実現し始めている。軍部独裁や共産党独裁等の開発独裁を捨てたばかりの新しい民主主義国家においては、未だ民主主義への移行は試行錯誤の段階にある。しかし民主主義は、外から教えられるものでも押し付けられるものでもない。特に欧米の植民地支配を経験した国々においては、宗主国が人権保護や民主主義を名目に主権の壁を越えて内政に介入しようとすると、非常に強い反発を呼ぶことがある。しかし、その国々の国民が人間の尊厳と法の支配に目覚めるとき、民主主義は歴史の必然となる。

甦るアジアの連帯

近代日本の基本的な考え方は、富国強兵、文明化、脱亜入欧であった。これに対する反発としてアジア主義という考え方はあった。国家発展の基本戦略としての南進と言う考え方もあった。しかし、これは最後まで大きな声にはならなかった。アジア諸民族との連帯は、二十世紀後半の民族自決へとつながる大切な考え方だったのだが、残念ながら弱肉強食の帝国主義時代には、アジアの国々は手を組むには弱すぎた。明治維新の頃には、既に多くのアジアの国々は植民地へと貶められていた。

日本が帝国主義国家の一員としてふるまう前、人種差別に憤慨し、アジア人と連帯するべきであると考えた日本人も多かった。大川周明は欧米諸国のアジア侵略を痛烈に批判していたし、満川亀太郎は既に一九二五年の時点で『黒人問題』を著して、米国の黒人問題を厳しく批判したりしている。

一方アジアの各国でも、いち早く近代化した日本に学ぼうと考え、後に革命家となる人たちが日本に集まってきていた。米西戦争後に短い独立を果たしたフィリピンの英雄詩人ホセ・リサール、フランスに滅ぼされた阮（グエン）王朝復興のためにベトナムから来日した潘佩珠（ファン・ボイ・チャウ）、インド総督暗殺未遂で日本に亡命して中村屋の令嬢と結婚したラース・ビハリ・ボース、中国から来日した孫文、梁啓超、明治維新に倣って朝鮮の李王朝を近代化しようとした金玉均（キム・オッキュン）などである。彼らを支援した日本人も数多い。しかし、産業革命後の欧州諸国とアジア諸国では国力の差が歴然としており、当時の日本政府はむしろ、市井の人々がアジアの革命家を匿うことで、欧米列強の不興を買うことを心配せねばならなかった。

明治維新から百五十年を経て、いま漸くアジアとの連帯が戦略的な課題として再浮上している。それは政府開発援助の対象としてのアジアではない。対等なパートナーとして、経済的に繁栄し、多くの民主主義国家からなるアジアである。

二十一世紀の日本人は、もっとアジアを知る必要がある。私がフランス留学時代に同級生の家に招かれた時、彼の父親からフランスの歴史を知っているかと尋ねられ、日本ではクローヴィスの改宗とかメロビング朝とかカロリング朝とか高等学校で習うのだと言ったら、「どうしてそこまでの知識が必要なのか」と目を丸くして驚いていた。

しかし、私たちはアジアの歴史を知らない。明治時代に開国した時、アジアの多くの国々は既に欧米の植民地支配下にあり、自らの歴史を失っていた。また私たちは、隣国である中国、韓国や、台湾の歴史でさえもよく知らないのである。彼らがどういう来し方の人たちであり、どういう文明的遺産を持っている人たちなのかを知らない。私たちは、彼らの心の中でこれから言葉になっていく彼ら自身のアイデンティティや歴史や文化を知らなければならない。

それは、日本がこれからもアジアに進出するからだけではない。アジアを中心に既に年間数万人の外国人労働者が日本に入ってきている。日本は最早、年間の外国人労働者受け入れ数では、世界で五本の指に入っている。今世紀、日本は多様化する。それはおそらく、大陸から数多くの渡来人が流入した飛鳥時代、あるいは西洋人が大挙して入ってきた明治時代に匹敵する文明的転換であろう。日本人がアジアの人たちの歴史と文化を知ることは、これからの日本人に必要とされる必須の教養なのである。

海洋国家戦略という選択肢

かつて日本には、海洋国家として発展するという選択肢もあった。佐藤鉄太郎中将という、戦前の日本海軍では著名な戦略家がいる。佐藤は、海洋戦略論の大家として知られたアルフレッド・マハンに学んだ海軍軍人で、大陸への拡張ではなく、自由なシーレーンの確保により世界相手の貿易で繁栄する道を説いた。残念だが、鎖国の長かった日本人には、大西洋貿易で巨利を得た西欧諸国のような繁栄の仕方があるということがピンとこなかったようである。日本海軍には佐藤鉄太郎中将以降、海洋大国として日本の国際的地位を築こうという考えを持つ人は出なかった。もとより日本人には、大規模な奴隷貿易と奴隷制プランテーションによって巨利を得るなどと言う発想はなかった。

貿易立国は、資源の乏しい島国が発展する戦略としてはかなり上等な戦略であるが、戦前の日本人にはそれが見えなかった。中国貿易で儲けた平清盛のような人が明治時代にいてくれれば話は違ったのかもしれない。南進を夢見て東南アジアに進出した日本人も少なからずいる。日清戦争は朝鮮半島をめぐる戦いであったが、伊藤博文総理が求めたのは遥か南の台湾島であった。明治政府の戦略的南進論は、海洋国家としての発展を考えたものであった。しかし日本は、帝政ロシアの南下に目を奪われて、朝鮮半島を足掛かりに大陸経営にのめり込んで自滅した。

日本海軍は創設以来、七つの海を支配して長大な海路を保護し自由貿易によって国運隆盛を目指すという、大海軍が本来負うべき任務を真剣に考えたことがない。帝国海軍は陸軍の大陸進出に対抗するため、貿易立国、海洋立国戦略を欠いたまま、勝てもしない米国を仮想敵国に選び、対米艦隊決戦を理由に予算獲得にひた走るばかりであった。やがて大恐慌を経て世界経済がブロック化し、大陸や南洋にある資源の独占的獲得が逼迫した戦略目的となると、自由貿易立国論、海洋立国論が日本の国家戦略論として日の目を見る可能性は潰えた。

陸軍と異なり、海軍は面での支配を求めない。人の住んでいる地面を求めない。数万キロに及ぶ無人の大海原を、時速数十キロで進む軍艦で制圧して制海権を握り、敵海軍、敵商船による公海利用の利益を拒否するのが海軍戦略である。

海戦の本質は、広大な大洋の排他的使用の確立にあるのではない。敵の大洋利用能力の決定的阻害、すなわち艦隊決戦主義による敵艦隊撃滅と、その根拠地の覆滅である。そうして味方の軍艦、商船の海路を確保し、敵方の軍艦、商船の海洋利用を拒否するのである。七つの海を支配するのが国際水準の海軍（ブルー・ウォーター・ネイヴィ）である。

自らは海運と貿易で繁栄し、逆に敵は大陸に閉じ込めて飢えさせる。それが伝統的な海洋大国なのである。

海運に依存している国がなすべきこと

世界の海は広い。大洋を一国で支配するには金がかかりすぎる。だから同盟国が必要になる。同盟国と共に海洋を支配する者は、敵を大陸に押し込めることが出来る。

産業国家にとって、ボリュームのある海運を拒否される痛みは、重工業の発展していなかった時代に比べ桁違いに大きくなった。日本は貿易の殆どを海運に依存している。圧倒的な量の貨物とエネルギーが海路で運ばれる。海運を潰されれば、経済的には動脈を扼されるのと同じである。

太平洋戦争では、米海軍が日本商船隊一万五千隻を撃沈し、六万人を超える商船隊員が溺死した。国民が飢えに苦しんでいるとき、帝国海軍は商船隊をほとんど真面目に防護しなかった。これは日本海軍史に残る汚点である。日本商船隊の死亡率は帝国海軍の死亡率を遥かに上回る。日本の商船隊はほとんどが徴用されたにもかかわらず、商船隊員には何の補償も、遺族年金も払われなかった。

日本には日本が海運に依存して生きているということを解っている人が少ない。海運は日本の命運を握っている。シーレーンというが、海に線が引いてあるわけではない。日本のシーレーンとは、大洋に数千キロにわたって数珠繋ぎになっている日本商船隊のことを言うのである。海運が断たれれば日本経済は簡単に死ぬ。だから米軍は真珠湾攻撃後、直ちに日本商船隊の全滅を計画したのである。日本封鎖である。

日本の国家戦略が貿易立国にあるとすれば、海軍の本来の任務とは何かということを真剣に考えねばならない。敗戦の結果、日本は明治当初と同じ大きさの島国に戻りながら、世界第三位の経済大国となった。WTOの紛争解決機能を重んじ、TPPイレブン（米国の抜けた環太平洋経済連携協定）や日EU経済連携協定など、自由貿易協定を次々と結んでいる。確固たる貿易立国政策を採る現在の日本から見れば、戦前の大陸膨張政策とはなんだったのかとの思いを禁じ得ない。

今日、海上自衛隊はシーレーンの重要性に気づき、アデン湾の海賊対処にも乗り出している。また、米イラン関係の緊張の最中に、ホルムズ海峡近辺にも海上自衛隊が派遣された。正に隔世の感がある。

しかし今の海上自衛隊の規模で、毎日二十万トン級のタンカーが十五隻、湾岸地域から数珠つなぎに入ってくるのを防護できるかと言うと、はなはだ心もとない。国会やマスコミでは、日本のエネルギーの八割を依存するホルムズ海峡への自衛隊派遣の是非を巡って、未だにイデオロギー的な議論がなされている。ホルムズ海峡を通過する日本関連船舶は、年三千四百隻を超える。乗組員はほとんどがフィリピン人に入れ替わっているが、日本にエネルギーを運んでくる日本関連船舶であることに変わりはない。もし、国の無関心のせいで日本商船隊が再び無防備なまま外敵から攻撃を受ければ、国の安全保障政策に対する国民の信頼は永久に失われるであろう。

日本の造船業界は疲弊しており、海運業界も激しい国際競争にさらされて体力を奪われている。日本海運業界には、先述の通り太平洋戦争中に日本商船隊の殆どが徴用され防護もされないままに全滅したという苦い思い出があるので、政府から距離を置く独立不羈の気風が強い。そのため政府の支援を潔しとしない。しかし、日本のような島国のエネルギー安全保障を考えれば、日本商船隊の体力維持と、その下支えとなる造船業の体力維持は、安全保障上の重要課題である。

もはや戦中のように対外侵略のための軍用船徴用などは考えられない時代であるが、エネルギー安全保障の問題は真剣に考えねばならない。日本経済は、鯨が水を飲むように大量の石油を日々消費している。例えば第三国の紛争によって航路が大回りに変化することになれば、必要となるタンカーの数も大きく変わる。マラッカ海峡を通れずロンボク海峡に大回りすることになれば、航行日数が大幅に増え、その分タンカーが余分に要るのである（スンダ海峡は大型タンカーには航行不能）。

ましてや、湾岸地域から豪州大陸を南回りに迂回する南極航路を取れば、まるで日露戦争時のバルチック艦隊の様な長大な航路となり、航行日数は非常に長くなる。非常時に備えた石油の官民戦略備蓄の放出だけでは、六ヶ月が限界である。日本にエネルギーを運び込むシーレーンが途絶えれば、半年しか持たない石油備蓄が尽きたところで、日本経済は死ぬ。海運業界と造船業界に対しては、エネルギー安全保障の立場から、抜本的な支援が必要である。

投資国家に変貌した日本

日本の貿易立国戦略、海洋戦略を考えるにあたっては、一九八五年のプラザ合意以降、日本経済の姿が激変した点に留意が必要である。一言でいえば、日本は輸出立国型国家から投資立国型国家へと変貌したのである。

戦後長らく一ドル三百六十円だった為替レートは、一九八〇年代に徐々に上昇して二百五十円程度になっていたが、一九八五年の日米プラザ合意以降、一ドル八十円に跳ね上がった。今でも百円強ぐらいが相場である。

その結果、日本の消費者にとっては、外国製品が以前の六割引き、七割引きになった。それは消費生活を豊かにした。かつてスコッチウィスキーのジョニ黒と言えば一万円が相場で、昭和のお父さんたちは大切に飲んでいたものである。それが今では三千円程度の酒になり、日本の良いウィスキーの方がよほど値段が高い。

その一方、急激な円高で日本の輸出産業は窒息した。同時に対外直接投資が急伸した。ドル換算した資産が三倍になって、日本の製造業は安い労働力、魅力的な投資環境を求めて世界中に飛散した。サプライチェーンが国外にも張り巡らされ、最終製品の組立工程はアジアなど国外に拠点を移した。日本国内の製造業は空洞化した。その結果、日本は輸出国であることをやめ、巨大な資金力を持った投資国に変貌したのである。外地に活路を求めた日本企業は、国外で逞しく生き残った。

米国を例に取ると、日本の累積投資額は、既にかつての米国の宗主国である英国に匹敵する規模となっている。また、日本企業が直接雇用する米国人数は八十六万人（二〇一九年）を超え、これもトップの英国企業に匹敵する規模である。日本の製造業は滅んだのではなく、日本を出ていっただけだ。

プラザ合意の後、しばらくは日米構造協議や日米自動車協議など貿易摩擦が続いたが、やがて日米経済関係は劇的に好転した。日本の対米輸出が弱り、対米直接投資が急伸したからである。今や全米に日本企業の工場が展開している。日本の直接投資は、日米同盟をより強固なものに変えた。プラザ合意の後、経済産業省の友人たちは「米国にしてやられた」と怒っていたが、敬愛するシニア外交官は「これで対米直接投資が急伸して、日米関係は劇的に好転するよ」と、ホッとした様子で言っていたことが思い出される。

現在、日本の対米直接投資は、日米関係を支える巨柱の一つである。また、アジアの国々も、日本の直接投資から大きく裨益している。日本の直接投資は途上国の鉱山等にも注ぎ込まれ、資源開発、輸出を通じて新興国の経済発展にも貢献している。

サプライチェーンの発達を見ればわかる通り、日本経済と世界経済は一体化しているのである。八〇年代までの日本のように、もはや日本一国で大量に優秀な製品を作って世界市場を席巻したり、米国の対世界貿易赤字の半分以上を占めるようなことはない。日本には、自由主義的な経済秩序全体を率先することが求められているのである。

中国の一帯一路と日本のインフラ支援

習近平政権の中国は、一帯一路構想を打ち出している。陸路と海路で中国を中心に世界中の交通インフラを整えようとする雄大な構想である。経済的に見る限り、世界の交通インフラが公共財として整えられることは悪いことではない。それは高度経済成長時代以降、日本が政府開発援助（ODA）を使ってやってきたことである。かつてシーレーンのヘヴィ・ユーザーは、アジアでは工業化が進んだ日本だけだった。現在は中国やインドが石油をがぶ飲みする時代である。シーレーンのヘヴィ・ユーザーとなった中国が、シーレーン関連のインフラに投資して世界海運を助けるのであれば、歓迎するべき話である。

日中のインフラ輸出には、哲学的な相違がある。日本は、域内の市場経済統合を促進するために、地域の交通インフラを縦横斜めのマトリクス型に結ぼうとする。ASEANであれば、インドシナ半島を南北に貫通《かんつう》する山脈を東西に横切りにした道路を建設し、島嶼国と大陸海浜部の国には海路を活用するように港湾を整備する。ベンガル湾の東西両岸を海路で結ぼうとする、自由市場促進型のインフラ整備である。

これに対して中国の場合は、中国が資源、エネルギー輸入の安全保障を確保するために、中国を中心とした蛸足配線型のインフラ整備を行う。中国は、戦略的な競争相手であるインドを回避して、その両脇にあるパキスタン、バングラデシュ、ミャンマーから中国とインド洋を結ぶ交通路やパイプラインを通している。マラッカ海峡を封鎖された時のことを考えているのだろうか。このような基本哲学の相違はあるが、それでも日中間では、互いにとってよい協力案件があれば促進しようということになっている。

ただし条件がある。まず、出ていくのは民間会社であるから、日本の民間の建設会社が儲からなければならない。国際インフラ建設市場でも、低賃金の中国勢は強力である。日本は、かつて欧米の建設業界をアジア市場で圧倒したが、現在では韓国、中国の建設業界に圧倒されつつある。いま日本は、質の高いインフラに焦点を当てて、インフラ輸出を促進している。中国の建設会社がプライム契約を取る案件に、日本の建設会社がサブプライムで入ることはまずない。利益が薄いからである。

次に市場経済と自由競争のルールに従ったものであることである。つまり契約内容、事業内容に透明性と開放性が確保されることである。また、支援を受ける国の債務返済が滞らないように、貸し込みすぎないことである。中国の経済協力案件は自国の資源確保を狙いとするものが多く、そのために鉱山から港湾まで複数の国の国境を跨いで鉄道、港湾整備をするというダイナミックな案件が多い。その結果、支援を受ける側が、しばしば返済を滞らせている。インフラ建設は鉄道、空港、港湾のように、その後の使用料で投資を回収することになるのが通例だが、需要の見込みが甘いまま貸し込みすぎると、投資が回収できなくなる。その結果、鉱山や港湾などの権利を中国にまるごと持っていかれるということが起きている。スリランカのハンバントタ港は典型的な例である。

最後の条件は、安全保障上の利益が害されないことである。中国は、独自の世界観をもって国際秩序を書き変えるという野心を見せるようになった。中国が「海軍強国」となるべく世界各所に海軍の拠点づくりを促進させるということであれば、安易な協力は難しいだろう。

結語　二十一世紀の日本の役割

歴史の大河には、自然の大河と同じように主流と支流がある。大河は蛇行するが、水は重力に従って低きに流れ、やがては大海に注ぎ込む。小さな支流は、次々と滔々たる主流に合流する。同じように、各国の国史は地域の歴史となり、やがては人類史となる。我々は、今どこに立ち、どこに向かっているのかを知らねばならない。

二十世紀、人類は世界史上比類のない流血、イデオロギー的対立、思想的混迷を経験した。そこから得た教訓を踏まえて、二十一世紀の人類は肌の色、宗教、文明、政治的信条を超えた国際社会を作り出すことを試みねばならない。それが自由主義的な国際秩序を作ると言うことであり、私たち二十一世紀人の使命である。

パックス・アメリカーナを実現した米国の力は、二十世紀において並ぶものがなかったが、地球的規模で工業化が進み続けている今日、相対的に米国の力は縮小している。だからこそ、国際的な協調が求められる。国益は個々の国によって異なるが、それでも人類社会がよって立つ共通の普遍的な価値観、原理原則は存在する。

戦争の禁止、紛争の平和的解決、天賦人権、人種差別撤廃、民族自決、非植民地化と独立の回復というような二十世紀の新しい価値観は、同じ世紀の後半には世界中に拡散した。戦後には開発、地球環境保全という新しい価値観が登場し、更には健康、性差別撤廃、貧困の撲滅なども前面に出るようになってきた。これらの挑戦には、地球的規模での連帯が必要である。

人類の歴史は一本道ではない。もとより後退もあるし、時には振り出しに戻ることもある。二十一世紀に入っても、ロシアによるクリミア併合、北アフリカや中東から欧州への大量の難民・移民の流入、英国の欧州連合離脱、欧州に広がる反移民感情、イスラム過激派の台頭、グローバリズムに対する反感、中国によるウイグル人弾圧や香港騒乱、米国とイランの緊張、コロナウイルスのような世界的感染症の流行など、逆向きのベクトルを挙げればきりがない。しかし、これらは歴史の本流ではなく、戦術的な後退に過ぎない。歴史は必ず前に進む。ただし、時にジグザグに、である。

アジアは急速な発展を遂げている。二十世紀後半のアジアは、朝鮮戦争、毛沢東の大躍進（大量飢餓）、ベトナム戦争、文化大革命、カンボジアのポルポトによるジェノサイド、九〇年代の北朝鮮の大量餓死など、人類史に残る悲惨な経験をした。

その一方、八〇年代になって自由主義圏では、アジアの四虎と言われたシンガポール、香港、台湾、韓国が急速に発展を遂げた。シンガポール、香港は英国の伝統を受け継いだ都市型植民地であり、台湾と韓国は日本による植民地化で急速に工業化した地域であった。その後をタイ、インドネシア、マレーシア、フィリピン等、海浜部にあるＡＳＥＡＮ現加盟各国が後を追い、九〇年代に入ると巨龍の中国が遂に離陸し、更にベトナムなどの後発ＡＳＥＡＮ諸国が離陸を始めている。東アジアでは既に少子高齢化が進んでいるが、今世紀の後半には人口の若いインドなどのアジア南西部が世界経済に鼓動を響かせる心臓となるだろう。やがて繁栄は、アフリカ大陸東岸に移るであろう。

産業革命から現在まで二百年かかった。そこでの教訓は、全ての勤勉な国民は、いつか必ず産業化に成功して、国力を飛躍的に増大させるということである。アジアは永遠に停滞すると言ったマルクスやウェーバーには、先見の明がなかったことが証明された。産業革命は一万年前に氷河期が終わって生まれた農業革命に匹敵する人類史のゲームチェンジャーであったが、工業化は先行した日米欧の特権ではなく地球的規模で生起するものであることに、人類はようやく気づきつつある。地球的規模での産業化、工業化の歴史の最後には、おそらく米国、中国、インドが横綱となり、欧州諸国、日本、ブラジル、メキシコ、ロシア、韓国、ＡＳＥＡＮ諸国、豪州等が大関から小結として立ち並ぶようになるであろう。

多くの国で、政治的に覚醒した中流階層が太く育ち、民主化への流れを不可避にしている。アジア人は未来を信じ、未来が自分の手の中にあると実感している。歴史の重心は、確かにアジアに戻りつつある。

大きな例外は中国である。天安門事件以降、民主化への扉を固く閉ざした中国は、これから厳しい国内矛盾に直面する。国民に対する説明責任を負わない独裁体制は、電子技術を駆使した監視体制の強化で応えているが、進む先は袋小路のように見える。

アジアの若人は、次々と政治的に覚醒しつつある。それは共産主義思想にかぶれたり、過激なテロリズムの思想にかぶれたりするということではない。自分の価値が全ての人と同じであり、自分は無条件に人間としての尊厳をもっているということに気づき始めているということである。

日本も同じである。七〇年代後半に過激な学生運動が収束していくと、全体主義的なイデオロギーの匂いの抜けない先行世代が私たち若い世代を、「虚無主義」「マイホーム主義」「個人主義」などと言って批判した。しかし、特定の理念や思想を絶対視する集団に殉ずるのではなく、自己実現と幸福の追求に邁進することこそが、自分自身の価値に気付く契機となるのである。個人主義の光彩がないところに民主主義はない。「知識人」と自称する人々から上から目線で暴力的な革命を焚きつけられるような民衆は、組織的動員の対象ではあり得ても民主主義を支える公民ではあり得ない。

勃興するアジア諸国の若人は、自分たちの力に誇りをもって気づきつつある。彼らの民主主義と、よりよい生活への渇望は本物である。労働者の社会的権利も声高に叫ばれ始めている。彼らが植民地時代の恩讐を超え、先行する先進民主主義国と共にアジアに自由主義的秩序を構築していく責任を担ってくれるかどうか。それがこれから問われることになる。

日本もまた問われている。アジアでただ一人先行して工業化し、民主化し、一方でアジアの解放を唱えつつ、他方で帝国主義戦争に参画した日本は、欧米人が作った国際秩序に入っていくことがどういうことか、工業化、民主化の過程で生じる苦しみがどういうものか、よく知っている。人種差別や植民地支配の悔しさも知っている。日本は今、アジアの自由主義的秩序構築を支えるリーダーになりうるかどうかが問われている。

アジアの民主主義国家が欧米の先進民主主義国家と協調し、アジアに自由主義的な国際秩序を創造することが、日本の国益である。普遍的価値観に立った自由主義秩序をアジアで、そして地球的規模で支えていくことこそ、日本の推すべき道である。現在、日本は米国との同盟を基軸として、インド、豪州、欧州、ＡＳＥＡＮ諸国と連携して、インド太平洋地域の戦略的安定を支えている。米国が保護主義的色彩を強める中で、日本はそれに逆行するようにＴＰＰイレブン、日ＥＵ経済連携協定を結び、巨大な自由貿易圏を生み出した。

これからの日本に必要なのは、世界史的な次元でリーダーシップをとれるリーダーである。もとより、日本単独の国力には限界がある。国際協調の中でのリーダーシップだけが、日本が今世紀に世界の中で輝く道なのである。

おわりに

総理官邸で勤務している最中に、敬愛する岡崎久彦大使が亡くなった。本物の自由主義者、リベラリストであった。戦前の日英同盟、戦後の日米同盟の重要性を説いてやまなかった。現実主義に立った戦略論の重要性を、若い外交官たちに説いてやまなかった。生涯をかけて、集団的自衛権行使を違憲とする憲法論を「間違っている」と指摘され続けた。安倍晋三総理が、集団的自衛権の行使是認を閣議決定したとき、ことのほか喜ばれたお顔が忘れられない。

岡崎大使が亡くなる日、突然、電話をもらった。

「今、病院にいるんです。なに、風邪をこじらせてね。今からICU（集中治療室）に入る。大丈夫、心配はいらない。誰にも言わなくていい。君には言っておく」

そう短く言われて、電話が切れた。事情も呑み込めないまま「お大事になさってください」とだけ言ったような気がする。そのまま岡崎大使は帰らぬ人となられた。築地本

おわりに

願寺での葬儀に参列し、岡崎大使の遺影を拝んだ時、何かを託されたのだと思った。

日本政府を退官した後、創設に関わった国家安全保障会議が日本のシビリアン・コントロールの要として機能するように、戦前の過ちを繰り返さないように、日本の来し方を世界史の中において眺めてみて、そこから得るべき教訓を一冊の本に纏めてみようと思った。また同時に、将来の日本のために、普遍的価値観に基づいた誇りある外交戦略をしっかり立てなければならないと思った。そのためにも、自分の中でまだ言葉になり切っていない何かを言葉にして伝えなくてはならないと思った。

この本を書いている最中に、母、弘子が他界した。日本人の大切にしてきた価値観の源が優しさにあることを、優しさが本当の強さを生むことを、そして優しさだけが本当に正しいと信じることのできる何かを与えてくれることを、教えてくれたのは母だった。病床の母の枕元で、寝息を立てている母を起こさないように、一文字ずつ人差し指でキーを叩いて初稿を仕上げた。母は、本書の上梓を待たずに、令和元年十一月二十二日、午前零時を回ったころ、静かに旅立った。

この小さな本を母に捧げる。

本書の上梓に当たっては、新潮新書編集部の横手大輔氏に多大のご助力を賜った。横手氏のご助力なくして、この本が世に出ることはなかった。この場を借りて、御礼を申し上げたい。

二〇二〇年四月

兼原信克

兼原信克　同志社大学特別客員教授。1959年山口県生まれ。東大法学部卒。外務省に入省し、国際法局長を経て2012年に内閣官房副長官補に就任。14年より国家安全保障局次長を兼務。19年退官。

Ⓢ新潮新書

862

歴史《れきし》の教訓《きょうくん》

「失敗《しっぱい》の本質《ほんしつ》」と国家戦略《こっかせんりゃく》

著者　兼原信克《かねはらのぶかつ》

2020年5月20日　発行

発行者　佐藤隆信

発行所　株式会社新潮社

〒162-8711　東京都新宿区矢来町71番地
編集部(03)3266-5430　読者係(03)3266-5111
https://www.shinchosha.co.jp

印刷所　株式会社光邦

製本所　株式会社大進堂

乱丁・落丁本は、ご面倒ですが
小社読者係宛お送りください。
送料小社負担にてお取替えいたします。

ISBN978-4-10-610862-4　C0221

価格はカバーに表示してあります。